別等了！

想要的未來，從現在選擇

掌握10個關鍵思維，
擺脫拖延症，讓行動真正發生

李哲豪 著

放下過去，擁抱此刻

未來由每個當下的選擇構成，創造無悔人生

人生的關鍵不在於運氣，在於如何面對挑戰
迷失過後重新站起，正向心態引領無限可能

目錄

目錄

前言

活出無悔人生的智慧選擇

人生，這個永恆不變的話題，與我們每個人緊密相連，影響著我們的成長與選擇，也關係著我們的幸福與成就。

有些人，因無法正視現實環境，或對自身的社會地位感到不滿，抑或對物質條件有所不滿，便陷入無盡的焦慮之中。更令人惋惜的是，部分人因此自暴自棄，選擇沉淪，最終只能生活在悔恨與遺憾之中。

然而，對於他人的成就，我們不必羨慕，因為那是他人努力的結果；對於他人的成功，我們難以複製，因為我們與他人擁有不同的際遇與條件。我們能做的，是立足於當下，積極進取，鍥而不捨地追求自己的夢想。我們應當掌握屬於自己的命運，在這片人生舞臺上，書寫獨一無二的故事。

凡事都要努力，因為唯有努力才可能成就非凡；即使未能抵達巔峰，至少我們曾奮力拚搏，無愧於心。人生的光輝，來自於辛勤的汗水澆灌；生命的樂章，源自於不懈的奮鬥與堅持。真正的努力，不僅是對夢想的追求，更是對生命的熱愛，對當下的珍惜，對未來的憧憬。

人生如同競技場，結果難以預測。但若想笑到最後，便必須堅持不懈地前行。無論是誰，若選擇放棄努力，即使度過漫長的一生，終究一無所有；唯有持續奮鬥，才能獲得應有的回報。只要真心付出，無論結果如何，皆無遺憾；只要勇敢前行，無論結局如何，定有所收穫。

人生難免遭遇不如意之事，世間繁華終將散去，如浮雲飄渺，唯有內心的充實與堅持，才是真正的依靠。以正面的心態迎接挑戰，坦然面對命運的安排，你終將獲得屬於自己的美好人生。

人生無悔，在於珍惜與奮鬥

百年人生，轉瞬即逝。當回首過往時，是否能夠無憾於心？答案取決於我們當下的選擇。用熱情去擁抱生活，用努力去成就夢想，讓未來的自己，無愧於曾經奮鬥的時光。

第一章

立足當下，擁抱當前的機會

無論你對過去的人生有多少遺憾，都無法改變已成定局的事實。與其沉溺於悔恨，不如專注於當下，把握每一刻，為未來創造更好的可能。否則，今天的猶豫與逃避，終將成為明日無法挽回的遺憾。

別讓拖延成為習慣

有一位名叫瑪麗的年輕人，從小就希望成為一名專業的插畫師，夢想有一天能夠出版自己的插畫書。然而，儘管她對插畫充滿了熱情，她總是無法克服拖延症，總是等到最後一刻才開始動手。她總是告訴自己：「明天再畫，今天先放鬆一下。」

這樣的情況持續了幾年。瑪麗繪畫的技術並沒有進步太多，反而她的夢想逐漸變得渺茫。她曾無數次向自己承諾過，下星期一定開始創作插畫，但每一次她都找藉口延遲。

最終，瑪麗的機會來了——一位出版社的編輯看到了她的一些作品，願意與她簽約，出版她的插畫書。然而，這位編輯詳細評估瑪麗的作品後，認為她的插畫風格尚未成熟，並給了她一個最後期限，要求她在三個月內完成一些修訂和新作品。這是她多年來唯一的一個機會，也是她夢想的一個轉折點。

然而，由於長期拖延，瑪麗已經錯過了很多提升自己技巧和完成作品的時間。她在緊急的時間裡努力工作，但最終沒有足夠的時間來完成編輯的要求。她失去了那個出版機會，並且對自己非常失望。她深刻感受到拖延所帶來的後果。

故事啟示

不要將今日之事推遲到明天。每分每秒都是珍貴的，唯有把握當下，才能真正充實人生，不讓時光虛度成遺憾。

擁抱當下的幸福

小張是一位年輕有為的工程師，從小對未來充滿了各種憧憬。他夢想能夠過上完美的生活，擁有一間寬敞的豪宅，開一輛心愛的跑車，並擁有一個快樂的家庭。他的理想生活是擁有一個漂亮的妻子和三個聰明可愛的孩子，並在工作中事業有成。

在他努力工作幾年後，他買了一間位於市區的大房子，並且有了穩定的工作與收入。他娶了一位溫柔的妻子，夫妻倆共育有三個孩子。

隨著生活的不斷進步，小張慢慢發現，自己的生活並不如他曾經幻想的那樣完美。他並未擁有那輛跑車，也並未像夢想中那樣住進豪華的大宅，而是住在一個適合自己和家庭的小別墅中。儘管如此，他的妻子和孩子們總是讓他感到充實和幸福。

有一天，當他在辦公室忙碌時，忽然停下來想起自己年輕時的夢想。他心中充滿了遺憾，覺得自己並未達到當初所設的目標。他開始有些失落，覺得自己的生活並不如他當初所想的那麼光彩照人。

但是在某個深夜，他在家裡靜靜地與妻子聊著天。妻子溫柔地對他說：「親愛的，生活中有些事情不一定能如我們所願，這並不意味著我們沒有得到真正的幸福。看看我們的孩子，看看我們這些年一起走過的路，你不覺得很滿足嗎？」

妻子的話讓他靜下心來，開始重新審視自己所擁有的一切。他突然明白，自己並不缺乏什麼，反而擁有了太多珍貴的東西。雖然未來的夢想尚未完全實現，但他已經擁有了一個穩定而幸福的家庭，擁有了一份讓自己滿意的工作，還有一顆充滿感恩的心。

第二天，當他再一次站在自己的家門前，望著妻子和孩子們快樂的笑容，他終於放下了對未來的過度渴望，選擇珍惜當下，並享受自己所擁有的一切。他發現，生活中的幸福早已圍繞在自己身邊，而不在於遠方的夢想。

故事啟示

每個人都擁有快樂，而這份快樂存在於現在。樂觀的人視之為上帝的恩賜，懷著感恩之心，珍惜當下的美好；悲觀的人則執著於未得與已失，一味沉溺於幻想與遺憾，錯過眼前的幸福。真正的快樂，不在未來，也不留存於過去，而是源於我們如何看待並珍惜此刻擁有的一切。

最適合的就在眼前

有一個年輕人，剛剛從大學畢業，充滿理想和雄心。他總是對自己未來的職業充滿期待，夢想能找到一份能夠實現自己抱負的工作，並希望自己的事業能夠一帆風順。於是，他開始四處尋找工作機會，對任何他覺得可能改變自己命運的職位都充滿熱情，認為這些工作會給他帶來真正的成功和快樂。

年輕人在多次面試中，發現每次都和理想中的工作有所落差。他在某家公司接受面試時，總覺得這份工作不夠挑戰，這樣的工作很難實現他追求的高大目標；在另一家公司面試時，他又認為公司文化不合適，無法發揮他的專業技能。年輕人一直渴望找到那份完美的工作，卻始終無法滿足。

幾個月後，這位年輕人無意間被家裡的一位朋友介紹，進入了一家自己本來不太看好的公司工作。這家公司工作內容和他期待的並不完全相符，工作也並不是他最擅長的領域。然而，當他開始投入其中時，他逐漸發現，這份工作竟然讓他獲得了意想不到的快樂。他不僅在這個職位上獲得了成長，還建立了寶貴的人脈，得到了良好的工作環境和生活平衡。

最終，他發現自己已經在這個看似平凡的工作中實現了自己的價值。原來，當初認為不合適的選擇，竟成為了他職業生涯中最穩定、最有成就感的階段。

故事啟示

幸福和滿足往往就存在於我們看似不完美的選擇之中。許多人習慣追求遠方的夢想，卻忽略了當下的可能性。最美好的機會，往往就在我們眼前，只要我們學會珍惜和把握。

追求心靈富足

在一個寧靜的小鎮上，有兩個好朋友，分別是富有的商人馬克和勞碌的農夫亞當。馬克擁有一座大宅和無數的財產，而亞當住在一間小小的農舍，過著平凡的生活。

某天，馬克邀請亞當到自己家裡做客，並且在大宅的華麗餐廳裡，開心地與他共進晚餐。馬克談論著自己的生意，抱怨著總是有更多的需求、更多的擔憂，總是為賺取更多的金錢而煩憂。他說：「雖然我擁有所有這些財富，但依然感到不安，因為生意總是不夠好，我總是需要追求更多。」

亞當聽後，微笑著看著馬克，並安靜地說：「你知道嗎？其實，我的生活遠比你想像的更簡單，沒有那麼多的煩惱和不安。你有財富，但我擁有的是一顆平靜的心。」

馬克感到困惑，問道：「你怎麼能這麼輕鬆呢？你明明每天都在勞動，與我相比，你有的似乎不多。」

亞當輕輕地笑了：「是的，我的生活並不富裕，但我知道如何享受生活中的每一刻。每天在田裡工作，我感受著大自然的美麗，與土地建立起了深厚的連結。當我坐在我的小屋前，看著夕陽西下，心中充滿了感激，我感受到的是內心的富足，而這份富足，無論你有多少金錢，都無法取代。」

馬克沉默了。他突然意識到，自己所追求的財富並沒有帶來內心的平靜和幸福，反而讓他不斷地感到焦慮。而亞當，雖然物質匱乏，但卻擁有著平靜和內心的滿足，這才是他真正的富足。

故事啟示

真正的富足不在於物質的累積，而在於內心的充實與平靜。當我們學會珍惜當下，享受生活中的每一刻，心靈便會感到富足。而這種富足，是任何金錢都無法買到的。

超越自我

苦行僧炎圭從東海啟程，踏上前往西天取經的旅途。他每天迎著晨曦出發，匆匆向西，彷彿要追上自己的影子，將它踩在腳下。

當太陽升至正午，他的影子縮短，終於落在腳下，這時他才停下來歇息，簡單用餐後，又繼續前行。他奔跑得越來越快，彷彿想擺脫自己的影子，不斷挑戰極限。

直到夕陽西沉，影子隨黑暗消失，他才安心尋找棲身之處，沉沉入睡。隔日清晨，太陽升起，他再度啟程，日復一日地與自己的影子賽跑。

據說，炎圭和尚是繼玄奘之後，又一位獨自抵達印度的僧人。玄奘走了整整十七年，而炎圭僅用了三年。

與自己較量，看似荒唐，卻是自我突破、邁向成功的關鍵。唯有不斷挑戰極限，超越昨日的自己，才能走得更快、更遠，抵達理想的彼岸。

故事啟示

時光構成人生的基石，百年光陰不過三萬多天。我們的生命始終在倒數，每浪費一天，便減少了其中的一部分。從這個角度來看，虛度光陰無異於慢性自毀。真正懂得掌握時間、妥善運用光陰的人，不會辜負自己的生命。他們珍惜每一天，讓時光充滿價值，最終得以無怨無悔地走完人生旅程。

世界終結時的選擇

為了提升讀者熱情並擴大發行量，新創刊的《漫畫週刊》策劃了一場「徵畫活動」，題目為〈世界末日來臨之時〉，邀請投稿者描繪當世界即將毀滅的最後時刻，人們會做些什麼。

短短時間內，來自世界各地的投稿如雪片般湧來。為了爭奪高額獎金，參賽者發揮極致想像力：有人畫出情侶相擁，在末日前共飲最後一杯酒；有人描繪鈔票焚燒於街頭，象徵金錢在終結時刻的無用；還有人設計人類乘坐宇宙飛船逃離地球，試圖尋找新的家園。

然而，獲得十萬美金頭獎的，卻是一位家庭主婦在包裝紙上用鉛筆畫下的平凡場景——廚房裡，她剛洗完碗，伸手關緊水龍頭；餐桌旁，丈夫坐在地板上，懷中的兩個孩子正專心堆疊積木。

評審團對這幅作品的評語是：「我們震撼於這一家人的平靜。他們真正理解了世界的存在意義，也體現了人類最高的追求。」

故事啟示

不要因即將得到的事物而迷失方向，也不要因即將失去的東西而惶恐不安。唯有專注於當下，珍惜眼前所擁有的，才能在起伏無常的人生中保持從容，不讓得失左右內心，活出真正的自在與安穩。

把握當下的每一顆鵝卵石

某夜，一群游牧部落的牧民向上天祈求幸福與祝福。忽然，一道耀眼的光芒降臨，他們知道上帝即將顯現，便滿懷期待地等待神聖旨意。

上帝說：「無需祈求未來，幸福一直在你們身邊。如果你們現在多撿一些鵝卵石放入口袋，明晚你們會無比快樂，但也會感到懊悔。」話音落下，上帝隨即消失。牧民們感到失望，他們原本期待獲得財富、長壽或奇蹟，卻沒想到只是這樣一個看似無意義的指示。儘管如此，基於對上帝的信仰，他們還是象徵性地撿了一些鵝卵石放入口袋。

第二天，他們繼續行走，直到夜幕降臨，開始紮營休息時，驚訝地發現口袋中的鵝卵石已全部化為鑽石。瞬間，他們又欣喜又懊悔，快樂的是得到了寶貴的財富，懊悔的是沒有撿得更多。

許多看似微不足道的努力，其實都是未來價值的累積。當下的一點點付出，也許在未來會變成無價之寶。與其等到機會變成遺憾，不如現在就珍惜每一顆「鵝卵石」。

故事啟示

我們時常把目光放在未來，卻忽略了眼前的價值。在工作與生活中，許多看似微不足道的機會與經驗，如同鵝卵石般被我們隨意拋棄，直到時過境遷，才驚覺它們的珍貴，卻只能徒留遺憾。若想擁有璀璨如鑽石的人生，就必須珍惜當下，把握眼前的每一次學習與成長機會。

快樂源於珍惜當下

從前，一位富翁雖然財富驚人，卻始終感受不到真正的快樂。他困惑地想：「金錢能買來萬物，為何買不到快樂？如果我突然離世，擁有這麼多財富又有何意義？不如用所有的錢換取一次純粹的快樂，即使只有片刻，我也無憾。」

於是，他變賣大部分家產，將財富換成一袋鑽石，放入錦囊。他發誓，若有人能讓他感受真正的快樂，他便將所有財富贈予對方。

富翁開始旅行，四處尋問：「何處能買到全然的快樂？」然而，所有人的回答皆大同小異：

「金錢帶來快樂。」

「權勢能讓人快樂。」

「擁有得越多，就會越快樂。」

然而，富翁早已擁有這些，卻依然感到空虛。他不禁疑惑：「這世上真的沒有純粹的快樂嗎？」

一天，他聽聞偏遠的廟宇裡有一位高僧，智慧深邃，無所不知。他歷經艱辛，終於找到這位高僧，發問道：「大師，請告訴我，哪裡能買到真正的快樂？」

高僧問：「為何想購買快樂？」

富翁答：「因為我雖富有，卻從未感受過真正的快樂。如果有人能讓我體驗一次，我願奉上全部財富。」

高僧微笑道：「我確實有快樂的祕方，但價格不菲。你準備了多少財富？」

富翁連忙遞上裝滿鑽石的錦囊，未料高僧突然一把抓起，轉身飛奔而去。富翁驚愕萬分，片刻後才回過神來，驚叫：「搶劫了！救命！」但四周杳無人跡，他只能拚命追趕。

他一路狂奔，汗流浹背，疲憊不堪，最終在一棵大樹下絕望地跪倒，痛哭失聲。費盡千辛萬苦尋找快樂，結果不僅一無所獲，連財富也拱手送出。他哭到聲嘶力竭，站起身時，卻意外發現錦囊正掛在樹枝上，裡面的鑽石分毫未少。

就在那一刻，他全身湧上一股難以言喻的幸福感——曾經視為理所當然的財富失而復得，讓他感受到前所未有的滿足。他終於明白，快樂不在遠方，也無法用金錢換取，而是源於珍惜當下，感恩自己已擁有的一切。

故事啟示

快樂來自內心，內心受環境影響，而環境則取決於我們的行動。真正的快樂並非來自外在的擁有，而是一種發自內心、純粹而深刻的感受，是一瞬間的滿足，卻能讓人回味一生。這種全然的快樂，不是無止盡的追求，而是對現有事物的珍惜與感恩。當我們學會珍視當下，懂得欣賞自己已擁有的一切，快樂便不再遙不可及，而是時時刻刻與我們同在。

把握當下，順應生活

小和尚每天清晨負責清掃寺院院子的落葉，這份工作特別讓他頭痛，尤其在秋冬時節，風吹過後，落葉總是紛紛揚揚，怎麼掃都掃不完。

為了讓自己輕鬆些，他想到了一個辦法：第二天一早，他先用力搖晃樹木，想把今天和明天的落葉一次性掃乾淨，這樣就能省去明日的辛勞。當天，他滿意地看著清理乾淨的院子，心情大好。

然而，隔天清晨，他走出來一看，院子裡依舊落葉滿地。他愣住了，才明白無論如何努力，該落的葉子仍會隨時間飄落，無法一勞永逸。

故事啟示

人生的功課只能一天一天地完成，無論我們如何努力「搖樹」，該來的問題仍會隨時間而至。與其焦慮未來，不如專注當下，把今天過好。煩惱來臨時，自然會有面對的時刻，而此刻，最重要的是珍惜眼前的每一分鐘。

無悔人生

伊庵權禪師修行嚴謹，惜時如金，每日反省自身。每當黃昏時分，他便感嘆時光流逝，不禁淚流滿面。弟子不解地問他緣由，他憂傷地說：「今天又庸庸碌碌地過去了，不知明日是否能有所精進？」

與此同時，魯南青山寺的一位禪師，自年輕時便為自己訂下每日修行規律。他堅持誦讀經文三百句、背誦古詩四句、書寫古體詩四句，且以毛筆練字陶冶心性。此外，他每日晨昏皆鍛鍊拳腳，上下石階兩百級，無論風雨從不懈怠，修心與強身並行。

八十高齡時，他依然耳聰目明、精神矍鑠。談及人生，他揮毫寫下：「有文有武伴百年，無怨無悔每一天。」

故事啟示

擁抱當下，全力以赴，才能讓夢想成真。若將每一天都當作生命的最後一天，就能將時間化為奇蹟，讓人生無憾，讓每個瞬間都充滿價值。

專注當前，順勢而為

一匹馬被園丁飼養，卻總覺得自己勞苦功高，所得飼料卻太少，於是祈求上帝為牠換一位更好的主人。

很快，願望實現了，園丁將牠賣給了一位陶匠。馬原以為日子會變好，卻發現新主人的工作更加繁重，便再度抱怨，請求上帝再為牠換個主人。

這個願望也被滿足，陶匠將牠賣給了皮革匠。然而，當馬踏進皮革匠的院子，看見掛著的馬皮時，才驚覺自己的命運竟比從前更糟。牠悲嘆道：「還是原本的日子好，至少不會落得如此下場。」

故事啟示

與其抱怨環境、擔憂未來，不如踏實做好眼前的事情。當下的努力才是改變命運的關鍵，唯有珍惜現有的機會，才能讓未來自然向好的方向發展。

珍惜身邊所有

從前，一位國王渴望讓國家繁榮富強，但他認為要先解決三個問題：如何預知最重要的時間？如何分辨最重要的人物？如何辨明最緊要的事情？

大臣們紛紛獻策，有人認為應該制定行程表來合理安排時間，有人主張最重要的是培養教師與科學家，也有人認為當務之急是推動科學與法律。然而，國王對這些答案並不滿意，決定親自向一位隱士請教。

國王來到隱士所在的山林，見他正辛苦地耕地，於是向他請教這三個問題。然而，隱士未作回應，只是繼續勞動。見他氣力不支，國王便主動幫忙挖土。

黃昏時，一名受傷男子從遠方奔來，國王與隱士立即將他救下，包紮傷口，並將他抬到隱士的住所休養。

次日清晨，傷者甦醒後，滿懷感激地對國王說：「我是你的敵人，本想埋伏暗殺你，但在逃亡途中被你的衛兵發現並負傷。沒想到，你竟然救了我。從今以後，我願效忠於你。」

國王再次向隱士請教問題，隱士微笑道：「我已經回答你了。」

國王困惑地問：「何時回答的？」

隱士說：「如果昨天你沒有停下來幫我耕地，而是立即返回王宮，恐怕已經喪命於他的伏擊；如果你沒有救助他，他也不會變成你的朋友。因此，最重要的時間是『現在』，因為只有現在能被掌握；最重要的人是你身邊的人，因為他們與你息息相關；最緊要的事情是『愛』，因為沒有愛，生命便失去意義。」

故事啟示

生命的價值不取決於我們追求的未來或期待遇見的人，而是源於對當下的珍惜與行動。我們唯有專注於現在，把握時間，珍視身邊的人，才能真正活出有意義的人生。

珍惜當下，莫負擁有

一位樵夫每日上山砍柴，日子平凡且規律。某天，他在路上撿到一隻受傷的銀鳥，這隻鳥全身覆滿閃閃發亮的銀色羽毛，美麗非凡。

「我從未見過這麼漂亮的鳥！」樵夫驚喜地說道，於是將銀鳥帶回家，悉心照料。

在療傷的日子裡，銀鳥每天為樵夫歌唱，為他帶來無盡的快樂。然而，鄰人告訴他，還有一種比銀鳥更美的金鳥，不僅羽毛耀眼，歌聲也更加動人。

從此，樵夫的心裡再也容不下銀鳥，他一心只想著金鳥，再也無法專心聆聽銀鳥的歌聲，日子變得越發空虛。

一天傍晚，樵夫坐在門前，望著金黃的夕陽，仍在幻想金鳥的模樣。此時，銀鳥的傷已痊癒，準備離去。

牠飛到樵夫身旁，為他唱最後一首歌。樵夫聽完，只是感慨地說：「你的歌聲雖然好聽，但比不上金鳥；你的羽毛雖然漂亮，但終究不如金鳥耀眼。」

銀鳥唱完，圍著樵夫盤旋三圈，然後朝著夕陽飛去。就在這時，樵夫驚愕地發現，夕陽的光輝映照在銀鳥身上，讓牠變成了一隻耀眼奪目的金鳥。

他追逐許久的金鳥，其實一直就在身邊——但現在，牠已經飛得遠遠的，再也無法回來了。

故事啟示

我們常像故事裡的樵夫，一味追逐遙不可及的夢想，卻忽略了當下擁有的美好。最珍貴的，從來不是已失去的，也不是未獲得的，而是正在我們眼前的幸福。學會珍惜當下，才能真正擁有圓滿的人生。

光陰如虎，稍縱即逝

炎熱的午後，小沙彌忍受不住酷暑與煩悶，悄悄離開禪房，躲到一棵大樹下乘涼。微風輕拂，涼意襲人，他漸漸昏昏欲睡。

不知過了多久，師傅將他叫醒。他揉著惺忪的睡眼，含糊地說：「這裡風涼景美，多麼舒服啊！」

師傅卻搖搖頭，語氣凝重地說：「這樣的地方，這樣的光景，太可怕了！」

小沙彌愣住了，困惑地問：「有什麼可怕的？」

「太可怕了，我分明看見了斑斕的虎皮！」師傅低聲說道。

小沙彌驚恐地四處張望：「虎……虎皮？在哪裡？」

師傅指著樹影斑駁的地面，緩緩地說：「你看，這些光影不像虎皮嗎？光陰就像斑斕的猛虎，一不小心就會將人吞噬。」

回禪房的路上，師傅語重心長地對小沙彌說：「夏日的炎熱、冬日的嚴寒、春天的倦怠、秋天的慵懶，就像猛虎的四隻利爪，時時刻刻削弱人的意志。如果不警惕，便會落入時光的虎口，再無翻身之日。」

小沙彌聽後，終於明白師傅的用意，不再沉迷於一時的安逸，而是警醒地珍惜每分每秒。

故事啟示

時光無聲，卻如猛虎般吞噬生命。唯有把握當下，努力奮鬥，才能在人生的終點回首時，無愧於自己，坦然地說：「我已不負此生。」

幸福就在此刻

一位富人與一位窮人討論幸福的定義。

窮人微笑著說：「幸福就是此時。」

富人望著窮人的茅舍和破舊的衣著，輕蔑地笑道：「這怎麼能算幸福？真正的幸福，是擁有百間豪宅和千名奴僕。」

然而，某日一場大火將富人的宅邸燒成灰燼，奴僕四散而去，一夜之間，他成了一無所有的乞丐。

炎炎夏日，流浪的富人汗流浹背，路過窮人的茅屋，口渴難耐，於是向窮人討水喝。

窮人遞給他一碗清涼的水，問道：「現在，你覺得什麼是幸福？」

乞丐望著手中的水，感慨地說：「此時的幸福，就是這碗水。」

幸福不在遙遠的未來，而是當下的每一刻。當我們學會珍惜眼前所擁有的 —— 一杯水、一頓飯、一份平凡的工作，便能在人生的點滴之間，串聯出真正的幸福。

故事啟示

幸福就是此時，只有將一個個此時串起來，才有一生一世的幸福。珍惜此時吧！你手中的一杯水，一頓粗茶淡飯，一份並不體面的工作都是幸福。

活在當下，別讓未來奪走今天

有一個人，總是不停地奔向「明天」。

當朋友相約下班小酌時，他第一個話題就是：「等等要去哪裡吃晚餐？」到了餐桌上，他匆匆吃完甜點，急忙趕往電影院；電影尚未落幕，他已站起身準備離開；回家路上，他的腦海裡又開始規劃明天、下週、甚至明年的計畫。

他總是忙碌，行程滿滿，生活看似充實，卻從未真正快樂，因為他的心從未停留在「現在」。

生活自有其節奏，孕育一個生命需要十個月，培養一個孩子成人需時二十年，成為小提琴家或滑雪高手，皆需長年累積。若總是急於奔向未來，追逐結果，而無法靜下心來感受當下，那麼人生將只是腦中的規劃，而非真實的感受。

故事啟示

真正的幸福，來自於專注當下，享受每一刻的美好，而非無止盡地奔向未來。

選擇之路，決定人生

有一座高聳入雲的山，飛鳥難越，沒有人知道它有多高。山的前後各有一條通往山頂的道路 —— 前山的大道筆直平坦，由石階鋪就，後山的小徑蜿蜒陡峭，荊棘叢生。

一天，父親帶著兩個兒子來到山腳，指著兩條路說：「你們可以選擇自己要走的路，誰先到達山頂，誰就是贏家。」

兄弟倆仔細思量後，各自選擇了一條路，開始攀登。

不久後，哥哥身穿整潔的西裝，氣定神閒地站上山頂。他面帶驕傲地對父親說：「我贏了！這條路寬敞平坦，沒有岔路讓我迷失，沒有荊棘讓我受傷，我輕鬆地一路向前，這是聰明的選擇，理應獲得勝利！」

父親微笑道：「你的選擇確實讓你走得順遂，孩子，你的確贏了比賽……」

不知過了多久，弟弟終於抵達山頂。他消瘦的身軀沾滿塵土，衣衫破舊，卻神采奕奕，雙眼透著堅毅與智慧。他微笑著說：「感謝您，父親，感謝您讓我選擇自己的路。」

「一路上，我攀爬過陡峭的山崖，荊棘劃破我的手臂，疲憊與孤獨曾讓我動搖，但我學會了靈活應變，學會了堅忍不拔。沿途的美景，讓我放慢腳步，欣賞大自然的饋贈。即使有霧、有寒風，也有過放棄的念頭，但我最終走到了這裡。我不只爬上了山，更在旅程中收穫了成長。」

哥哥聽後不以為然，淡淡地說：「但你輸了。」

父親輕嘆道：「孩子，你的確輸掉了比賽……」

弟弟放眼遠方，露出平靜的微笑：「但我贏得了人生。」

多年以後，哥哥平凡無奇，而弟弟卻憑藉當年的歷練，事業有成。

故事啟示

人生是一場長遠的競賽，真正重要的並不是誰先抵達終點，而是在旅途中學到了什麼、成長了多少。選擇看似輕鬆的路，或許能讓人暫時領先，但唯有經歷挑戰，才能鍛鍊出堅韌與智慧，最終真正贏得人生。

把握現在，連接過去與未來

一位哲學家穿越荒漠，來到一座早已荒廢的古城遺跡。殘垣斷壁間，依稀可見昔日的輝煌。他坐在一座石雕上，點燃菸草，望著歷史的殘骸，忍不住感嘆時光的無情。

忽然，一個聲音響起：「先生，你為什麼感嘆呢？」

哲學家四處張望，卻不見人影。他驚疑間，聲音再次傳來，原來是來自他身下的石雕——一尊「雙面神像」。

哲學家從未見過這樣的雕像，好奇地問：「為什麼祢有兩張臉？」

雙面神像回答：「一張臉用來回顧過去，從歷史中汲取教訓；另一張臉則用來展望未來，憧憬無限可能。」

哲學家搖搖頭：「但過去已逝，未來未至。祢若不關注現在，即使能洞察過去、預見未來，又有什麼意義呢？」

聽到這番話，雙面神像沉默片刻，隨後痛哭起來：「先生，你的話讓我終於明白，我今日落得如此境地的原因。」

哲學家問：「為什麼？」

雙面神像嘆息道：「當年，我駐守這座城池，自詡能夠回顧過去、洞察未來，卻唯獨沒有珍惜當下，沒有警惕眼前的危機。結果，這座城池終被攻陷，繁華成為廢墟，而我也被遺棄於此，成為歷史的塵埃。」

故事啟示

美好的過去與憧憬的未來，都必須依靠「現在」這座橋梁才能連接。現在既是過去的延續，也是未來的基礎，是時間長河中最鮮活、最值得珍惜的時刻。唯有把握當下，我們才能真正理解過去，並走向更美好的未來。

第二章

夢想無限，未來可期

沒有夢想的人生，如同一潭死水，缺乏活力與動力。夢想是一盞明燈，為我們指引方向，帶來希望與前行的力量。當心中燃起夢想，生活將變得更加充實，未來將更加精彩。夢想的高度決定了人生的廣度，擁有越大的夢想，就能開闊更廣闊的天地，創造無限可能。

生命的希望來自內心的渴望

珍是一名退休的老師，面對日益衰退的健康狀況，她感到極度沮喪。長年的健康問題和年齡帶來的種種不便，讓她開始懷疑自己是否能夠度過每一天。她的身體狀況在不斷惡化，而醫生的診斷無論如何都無法讓她感覺到希望。

一天，珍的兒子帶她去參加了一個由病人組成舉辦的聚會。那裡的每個人都是面臨健康挑戰的病人，他們分享自己如何堅持生活下來，並尋找每天的動力。珍聽到一位年輕母親的故事，這位母親在面對癌症治療時，不僅從不放棄，還每天帶著微笑陪伴著她的小孩，並把生活中的小事視為珍貴。聽著這些故事，珍開始重新思考她自己的處境。

回到家後，珍決定開始一項她多年來都放棄的愛好——畫畫。這是她年輕時最喜歡的事，但隨著生活的變化，她再也沒時間去做了。珍拿起了畫筆，開始嘗試將自己周圍的世界畫出來。起初，她的手不太靈活，顏料也常常弄得一團糟，但她並不氣餒，每天抽時間畫畫，逐漸找回了自信和生活的樂趣。

幾個月後，珍的身體狀況出乎意料地有所改善。她的精神狀況變得越來越好，每天都能面對生活中的困難和挑戰。她也開始幫助其他病友，分享如何透過重新找到生活的興趣來激發內心的動力。最後，珍甚至開始舉辦自己的畫展，並成功將她的作品展示給大眾。

故事啟示

人生的希望來自於內心的追求與渴望。一個人若對生活毫無興趣，無論身體多麼健康，內心都已死寂。唯有懷抱熱愛、擁有目標，才能感受到真正的幸福，也才能擁有繼續前行的力量。

目標決定未來

凱西是一名年輕的社會工作者，她對自己未來的職業生涯充滿了憧憬和期許。當她剛開始工作時，雖然日常的工作十分辛苦，並且工資並不高，但她並不因此感到氣餒。相反，她每天都會設立小目標，並力求去完成它們。她有一個宏大的目標：成為一位能夠影響社會政策、幫助弱勢群體的領袖。

每一份工作，無論大小，都能邁向目標。雖然起初，她只是為了幫助社區中的孩子們提供心理輔導，但她從未放棄對更大目標的追求。幾年後，凱西決定進一步學習，取得了社會工作碩士學位，並進入一個更大的非營利組織工作。在這裡，她能夠接觸到更多需要幫助的社群，並推動社會政策改變。

隨著時間的推移，她的影響力逐漸擴大。她成為了許多社會改革項目的負責人，並為弱勢群體爭取了更多的權益。在她的努力下，無數家庭的生活得到了改善，社會福利政策也取得了突破性進展。

故事啟示

古語云：「有志者，事竟成。」志向決定了一個人的格局與未來。沒有目標的人，只能看到當下的勞動；短視的人，只計較眼前的收益；而擁有遠大志向的人，則能在每一塊磚石間，看見未來的藍圖。目標如同人生的燈塔，指引方向，賦予生活意義。擁有目標，才能在人生的旅途中不迷失方向，最終成就不凡。

為夢想而奮鬥

保羅是一位廣受認可的眼科醫生。儘管年輕，他已經在美國佛羅里達州的眼科界建立了權威地位。

有一次，在接受媒體採訪時，保羅分享了自己成功的故事，其中有一句話尤其打動人心：「無論遇到多大的困難，你不能放棄的唯一東西，就是堅持你的夢想。」

他還提到，當初選擇學醫的原因深受家庭經歷的影響。在他年少時，父親因眼疾失明，儘管花費巨額金錢尋求治療，最終還是無法挽救視力。這段經歷成為了他日後決心成為醫生的動力。他誓言要成為一位優秀的眼科醫生，幫助像他父親一樣的人重見光明。為了這個目標，他放棄了與朋友的來往，全心投入學業，節省每一分每一秒。

保羅的家庭並不富裕，父親失明後，家境愈加困難。在大學畢業後，保羅面臨著是否繼續深造的抉擇，當時有一個高薪工作在等著他。但在這個關鍵時刻，他的母親給了他深刻的啟示。她告訴他：「不要讓眼前的困境模糊了你的目標。如果你已經做出了選擇，就不要輕易放棄，所有的努力終究會有回報。」

在母親的鼓勵下，保羅決定放棄那份輕易可得的工作，繼續專心深造。數年後，他終於在美國醫學界嶄露頭角，成為眾人矚目的新星。

故事啟示

我們在人生中常常面對夢想與現實之間的拉鋸。在這樣的十字路口，選擇堅持夢想或是妥協現實往往讓人難以抉擇。這時，不妨想一想保羅的故事，細細品味他所給出的忠告——堅持夢想，無論何時何地。

堅定目標，腳步穩健

有一位心理學家在鄉間散步時，看見一片稻田裡的秧苗排列得整齊而筆直，好像用工具仔細丈量過似的。他覺得很不可思議，於是便向正在田裡工作的農夫請教，究竟是怎麼做到的。農夫抬頭看了看心理學家，並沒有直接回答，而是邀請他親自試試看。心理學家滿心好奇，立刻挽起褲管下田試種。沒想到，他插出來的秧苗東倒西歪，根本不成樣子，讓他十分困惑。

心理學家再次詢問農夫，農夫這回才認真地對他說：「你插秧時必須要盯住一個穩定不動的目標。」心理學家點頭表示了解後，又重新嘗試了一次，結果這回秧苗仍然彎曲得十分明顯。

農夫仔細看了他的成果，問道：「你剛剛是不是盯著某個東西插秧？」心理學家點頭回答：「沒錯，我盯著那邊正在散步的人，想說跟著他的方向走，就能插得很直。」

農夫聽完後笑著說：「那個人在走路，方向一直在變動，你跟著他走，自然會歪來歪去。」

心理學家聽了農夫的話後頓時明白了，他再次選擇了一個固定不動的目標，這次是遠方的一根電線桿。他專注地照著固定的目標往前插秧，結果秧苗果然又直又齊，心理學家露出了欣慰的笑容。

故事啟示

無論你現在的處境如何，重要的是你將來要走向何方。只有確立明確的目標，才能夠指引我們走向成功。沒有目的地的航行，無論風向如何，對船隻來說都將是逆風。

正確的方向比努力更重要

白兔、烏龜、青蛙、螃蟹、螞蟻等小動物們準備一起去花園玩耍。

青蛙大聲喊道：「走！」隨後大家都行動起來。青蛙邊跳邊催促大家：「快！快！」白兔笑著衝在最前面，烏龜也用力爬行，而螞蟻則拚命追趕……

突然，一聲大喊從後方傳來：「你們這些人怎麼了？往哪衝啊？」

大家轉過頭，驚訝地看到螃蟹正一邊喊，一邊橫著爬向相反的方向。

青蛙焦急地大喊道：「螃蟹大哥，方向錯了！」並試圖讓牠向牠們靠攏。

螃蟹氣沖沖地反駁，「你們眼睛瞎了，應該是向我走才對！」

儘管大家再三呼喚，螃蟹依然不聽，堅持朝著自己認為對的方向爬去。最後，大家只好各自走各的路。

螃蟹心裡抱怨，邊走邊嘀咕：「我一直盯著那座花園，肯定沒錯。牠們不聽我，肯定是因為嫉妒我。看牠們的手腳，哪一個像我這麼多呢？」然而，螃蟹的手腳越多，走得越快，卻離目的地越遠。

故事啟示

在現今的資訊時代，努力和勤奮固然是重要的，但選擇正確的方向同樣不可忽視。我們應該時刻清楚自己追求的目標是什麼。過於固執己見，強行走自己的路，即使有才華，也可能犯下更大的錯誤，最終偏離了原本的目標。

帶著希望出發，收穫成功

強尼在創辦自己的新創公司之前，將手頭上所有的資金與資源分給了合作夥伴。

當時他的助手史考特得知這件事後，感到十分震驚，忍不住問道：「強尼，你把所有的資金都分出去了，接下來你要帶什麼創業呢？」

強尼微笑地說：「我帶著希望，這才是我最寶貴的資產。」

史考特聽完之後深受感動，決定將自己所分到的股份歸還，並對強尼說：「如果這樣，請你也讓我和你一起分享這份希望吧！」

最終，強尼憑藉著滿滿的希望，以及堅定的信念，成功地帶領這家新創企業上市，成為業界令人稱羨的年輕企業家。

故事啟示

在追求成功的路途中，我們不僅會收穫掌聲與鮮花，更多的還是面臨挫折與眼淚。只有在痛苦與困難面前仍能懷抱希望，才能真正看到未來的曙光，並最終迎來屬於自己的成功。

目標丟失的代價

強森在太平洋的小島上展開了一次長達數月的獨自探險。起初，強森滿懷熱情與抱負，立志完成紀錄片拍攝，為自己爭取最高的榮譽。然而，由於一場突如其來的暴風雨，他被迫暫時滯留在一個陌生的荒島上，並失去了通訊工具，從此開始了與世隔絕的日子。

起初，強森每天努力尋找離開島嶼的辦法，但隨著時間一天天流逝，他逐漸失去了目標與方向，變得消沉。他發現自己帶的唯一一個背包裡，有一套精緻的國際象棋棋子，那是朋友送給他的禮物，原本是希望他旅途中解悶使用的。為了打發無聊的時間，強森開始一個人對著棋盤自我對弈，這逐漸成為他每天唯一的寄託。

數月後，救援隊終於找到了他，帶著他回到文明世界。然而，他在荒島上浪費了寶貴的時間，當初紀錄片計畫早已中斷，探險家身上的光環也逐漸黯淡。

不久之後，這套象棋棋子被一名收藏家買走。當收藏家在整理這些棋子時，意外發現其中一顆棋子內部竟然藏有一份小型 GPS 定位發訊器，原來強森的朋友事先已安排好這個緊急定位裝置，以防他遇到危險，只要他仔細檢查，就能迅速獲救。

消息傳開後，許多人感到不可思議與惋惜。強森雖然最終獲救，但卻因放棄原先的目標與勇氣，失去了原本能輕易改變困境的機會。

故事啟示

當人失去目標，心志也會隨之冷卻，即使手中有助於成功的工具，也可能如同強森一樣視而不見，錯失寶貴的機會。

擁有夢想，才能超越困難

在安地斯山脈的兩個部落中，一個居住在低地，另一個則住在高山上。有一天，居住在高山上的部落發動侵略，並帶走了低地部落的一名小嬰兒作為戰利品。低地部落的人無法爬上高山，但他們依然決定派遣最強的勇士前去營救小嬰兒。

勇士們嘗試了各種方法，但只爬了幾百公尺高。他們準備放棄，正要回去時，卻看到嬰兒的母親正從高山上爬下來，背著自己的小孩。

其中一位勇士走上前，詢問她：「我們都是部落裡最強壯的勇士，連我們都爬不上去的高山，妳是怎麼做到的？」

母親聳了聳肩，回答道：「他不是你的小孩。」

故事啟示

每個人的夢想就像自己的寶貝，沒有人能比自己更重視它、保護它並為它奮鬥。不要期待他人代替你去追求夢想，成功的關鍵在於你必須擁有自己的夢想，並且為之不懈努力。如果你從未對某個目標充滿渴望，那麼即使有人告訴你那是多麼美好的風景，你也永遠無法親自體會其中的迷人之處。

信念的力量

一次火災中，一個小男孩重傷，雖然經過醫院全力搶救後脫離了生命危險，但他的下半身卻再也無法感覺。醫生告訴他的媽媽，這孩子將來只能依賴輪椅度過餘生。

有一天，天氣晴朗，媽媽推著男孩到院子裡呼吸新鮮空氣，隨後媽媽因事離開了。這時，一股強烈的衝動湧上男孩心頭：我一定要站起來！

他拚盡全力推開輪椅，用無力的雙腿拖著身體，在草地上匍匐前進。一步一步地，他終於爬到了籬笆旁。接著，他竭盡全力抓住籬笆，站了起來，並努力嘗試用力拉住籬笆行走。汗水從他的額頭滾落，但他依然咬緊牙關，繼續前行，一步步走到籬笆的盡頭。

他在內心深處為自己設下了目標：我一定要站起來。儘管時間一天天過去，他的雙腿仍然毫無知覺，他依然不甘心接受困在輪椅中的命運。每一天，他都堅持練習，告訴自己，總有一天，他會依靠雙腿走路。

終於，在一個清晨，他再次拖著無力的雙腿拉著籬笆走時，突然感到一陣鑽心的疼痛，從下身傳來。這一刻，他驚呆了。那種疼痛是他曾經避之唯恐不及的，但這一刻，他卻欣然接受，並不斷重複著這個動作，享受著這份來自於身體的挑戰。

從那以後，他的身體恢復得非常快。他不僅能夠站起來，還能扶著籬笆走幾步，漸漸地，他甚至可以獨立行走，像其他的人一樣生活。

故事啟示

許多看似不可能的事情，只要我們堅持信念，勇於探索並付諸實踐，我們的夢想就能變為現實。只要相信，我們就能看見；只要尋找，我們就能得到。

堅持與感恩，讓夢想成真

里約的一個貧民區裡，有一位熱愛足球的男孩。由於家境困難，這位男孩只能從垃圾桶中撿起椰子殼、汽水罐等物品來練習踢足球的技巧。

有一天，男孩在一個乾涸的水塘旁玩耍，腳下踢著一個大豬蹄。正巧，一位足球教練經過，發現男孩踢豬蹄的力量相當強大，於是他走過來問男孩為什麼踢這個豬蹄。

男孩瞪大眼睛，認真地回答道：「我在踢足球，不是踢豬蹄！」

教練聽後笑了笑，說道：「豬蹄不合適，我送你一個足球吧！」於是，他送給男孩一個足球。

得到足球後，男孩更加努力練習，漸漸地，他已經能夠精準地把球踢進十公尺外的水桶中。

聖誕節來臨，男孩對媽媽說：「媽咪，我們沒有錢買聖誕禮物送給送我足球的好心人，不如這樣，今天晚上我們一起為他祈禱，祝福他吧！」

與媽媽禱告後，男孩向媽媽要了一個鏟子，跑了出去。

他來到一座別墅的花圃中，努力挖了一個坑，當他快要完成時，有人走過來，問他在做什麼。

男孩抬起紅紅的臉，甩了甩臉上的汗珠，開心地說：「教練，聖誕節我沒有禮物送給您，只好幫您挖一個聖誕樹坑。」

教練看著他笑了，說：「孩子，我今天得到了世界上最好的禮物，明天到我的訓練場來吧！」

三年後，這位男孩在足球賽上大放異彩，單場獨進 21 個球，幫助隊伍拿下勝利。

故事啟示

當時機、地點與人際關係都齊備時，只要投入足夠的毅力與努力，並且保持謙遜，勇敢地追求自己的夢想，我們就能在成功的道路上穩定而持久地走下去。放飛夢想，未來永遠屬於你。

在困境中尋找希望

有一個人倒了一盆水在地上，地上的落葉隨著水漂了起來。在落葉上，正巧有一隻螞蟻，牠看到四周的水無邊無際，心想：這下完了。

過了一會，地上的水逐漸蒸發，螞蟻也順利爬到了安全的地方。回到蟻穴後，牠痛哭流涕地對同伴說：「我差點就見不到你們了。」

這隻螞蟻當時只看到了身邊的水，卻忽略了水不遠處的乾燥土地。牠無法看到眼前的困境並不代表一切的結束。

故事啟示

失望並不等於絕望。無論情況如何艱難，困境並不意味著我們已經失去了所有的希望。正是這些困境，才促使我們去超越，去發現那些原本被忽略的可能性和機會。

堅持夢想，成就未來

賈伯斯從小就對科技充滿熱情。他常常拆開家裡的電器，並試圖了解它們是如何運作的。雖然他的家庭條件並不優渥，但這些不斷的探索讓他對未來充滿了無限的想像。

在史蒂夫進入大學後，他選擇了自己熱愛的專業——電子工程，但很快他發現大學的課程並不是他真正感興趣的東西。於是，他毅然決然地辭去學業，並且投入了對計算機科技的創新研究中。

幾年後，他創辦了蘋果公司，並在車庫裡開始了艱苦的創業之路。儘管面臨著來自市場和資金上的巨大壓力，史蒂夫依然堅信自己對科技創新的夢想，並不斷地努力工作和尋求突破。

隨著蘋果公司的不斷發展，史蒂夫推出了 iPhone、iPad 等一系列改變世界的產品，將蘋果公司打造成了全球最具創新和影響力的企業之一。

史蒂夫．賈伯斯的故事告訴我們，堅持自己的夢想，無論遇到多少挑戰，都不輕言放棄，最終會改變世界，成就自己的未來。

故事啟示

成功人士最重要的特質之一就是擁有夢想。夢想不僅帶來希望和勇氣，也給人追求目標的動力。讓我們為夢想而奮鬥，勇敢追求自己的目標，終將迎來成功的時刻。

每天擁有希望，活得更精彩

有一位醫生，因其高明的醫術和卓越的事業在醫學界享有盛譽。但不幸的是，他被診斷出罹患癌症，這對他來說無疑是當頭一棒。

剛開始，他的情緒陷入低谷，但最終，他接受了這個事實，並改變了心態。他變得更加寬容、更謙遜，並開始更加珍惜自己所擁有的一切。

即使在忙碌的工作中，他從未放棄與病魔抗爭。就這樣，他奇蹟般地平安度過了幾個年頭。當有人驚訝於他的堅持時，他回答道：

「是希望！幾乎每天早晨，我都給自己一個希望——希望我能多救治一個病人，希望我的笑容能溫暖每一個人。」

故事啟示

每天給自己一個希望，我們的生活將充滿活力與熱情，怎麼可能浪費時間在無謂的悲傷和抱怨中呢？生命是有限的，但希望卻是無限的。只要我們不忘每天為自己設定一個希望，無論困境如何，我們的生活都將變得更加豐富多彩。

一步步邁向成功

有一個新組裝好的小鐘，放在兩個舊鐘之間。兩個舊鐘「滴答」、「滴答」，一分一秒地走著。

其中一個舊鐘對小鐘說：「來吧，你也該開始工作了。不過，我有點擔心，等你走完三千兩百萬次後，可能會吃不消。」

小鐘聽後吃驚地問：「三千兩百萬次？這麼大的數字，我辦不到！」

另一個舊鐘安慰道：「別聽它胡說八道，別擔心。你只需要每秒鐘滴答擺一下就行了。」

小鐘將信將疑地回答：「這麼簡單嗎？那好吧，我就試試看！」

於是，小鐘開始每秒鐘輕鬆地擺一下，隨著時間流逝，漸漸地，一年過去了，它不知不覺完成了三千兩百萬次的擺動。

故事啟示

每個人都渴望夢想成真，成功似乎遙不可及。事實上，當我們有了清晰的目標後，只需一步步努力，專注於當下該做的事情，成功的喜悅會逐漸滲透進我們的生活。

不斷調整，持續前行

有一位客人請來了一位鋼琴調音師，希望他幫鋼琴調音。這位調音師非常專業，仔細地調整每一根琴弦，使它們緊繃到恰到好處，發出正確的音高。

當調音工作完成後，主人問道：「要付多少錢？」

調音師笑著回答說：「還不急，等我下次來的時候再付吧！」

主人不解地問：「下次？這是什麼意思？」

調音師解釋道：「下週我會再來一次，然後四週後再來一次，再接著三個月後再來一次。總共會來四次。」

主人有些迷惑，便問道：「你是說鋼琴已經調好了，怎麼還需要這麼多次調整？」

調音師清了清喉嚨，耐心地說：「鋼琴的音調已經調好，但這只是暫時的。隨著時間的推移，琴弦會逐漸改變，所以必須不斷調整，直到琴弦能夠保持穩定的音調。」

故事啟示

如果我們希望目標能長期保持並最終實現，就像鋼琴調音一樣，在行動過程中不斷調整和校準方向。達成目標的過程其實就是不斷瞄準、射擊，再瞄準，再射擊的過程。每次的調整都讓我們更接近成功的目標。

堅持夢想，迎接第二個春天

有兩個年輕人，分別叫李明和王強。他們生活在同一個小村莊，兩人有著相同的夢想，就是成為成功的企業家。

有一天，李明聽到一位長者講述了一個成功的故事。故事裡有一家公司，創辦人從零開始，靠著堅持與不懈的努力，最終將公司打造成了世界領先的品牌。李明被這個故事深深打動，他決定立刻開始創業。他花了幾年時間累積資金，研究市場，並全身心投入到創業中。

然而，創業之初，李明遇到了無數的挑戰。資金短缺、客戶不穩定、競爭激烈，每當他遇到困難時，他總是會想起那個成功創業者的故事，堅信只要努力不懈，終有一天會成功。李明奮力前行，從不輕言放棄，並在第五年後迎來了自己的公司第一次大規模的盈利。

而與此同時，王強也在考慮創業。他聽到李明的故事後，也被激勵，決定放下自己的工作，展開自己的事業。王強起初並不認為自己會遇到什麼困難，然而隨著時間推移，他發現事情比他預想的要困難得多。儘管他也努力工作，但當面對困難時，王強開始感到焦慮與懷疑。他無法像李明那樣保持正面的心態，經常因為一點挫折就想要放棄。最終，王強在經過短短三年的努力後選擇了放棄，結束了他的創業之路。

幾年後，李明的公司成長為業界的領頭羊之一，並且成功地拓展了國際市場。而王強則回到了原來的工作，心中常常懊悔當初為什麼沒有堅持下去。

故事啟示

我們的人生充滿夢想。然而，當面對第一次失敗的打擊時，我們往往輕易地放棄，將夢想拋到一邊。但夢想需要我們不懈地追求，只有持續的努力和堅持，才能讓夢想盛開。

為夢想而工作

幾年前的一個炎熱的日子，一群工人正在鐵路的路基上工作。就在這時，一列火車緩緩駛來，打斷了他們的工作。

火車停下後，最後一節車廂的窗戶打開，一個低沉而友好的聲音響起：「大衛，是你嗎？」

大衛．安德森，這隊工人的負責人，立刻回應：「是我，吉姆，見到你真高興。」

隨後，大衛．安德森和這條鐵路所屬公司的總裁吉姆．墨菲開始了愉快的交談。這段交流持續了一個多小時，兩人熱情地握手告別。

大衛的下屬們立刻圍了過來，對於大衛是墨菲鐵路公司總裁的朋友感到非常震驚。大衛解釋說，二十多年前，他和吉姆．墨菲是同一天開始為這條鐵路工作的。

其中一個人半開玩笑地問大衛，為什麼他仍在驕陽下工作，而吉姆．墨菲卻已經成為總裁。

大衛有些惆悵地回答道：「二十多年前，我為一小時兩美元的薪水而工作，而吉姆．墨菲則是為這條鐵路而工作。」

故事啟示

人生的成就取決於夢想的大小，夢想越大，人生能達成的成就也越卓越；夢想越小，未來就越受限。一個敢於做夢且願意付諸行動的人，即使最終未達到夢想，也會比那些只懷抱平凡夢想的人獲得更多。所以，不妨讓夢想大一點，只要敢想，就沒有無法實現的事。

第三章

成就與選擇同行

選擇與放棄的平衡，是每個人實現終極目標的關鍵。這不是一個簡單的過程，但當你真正做到這一點時，你的人生將不再受制於外界的誘惑與干擾，而能夠專注於最重要的事情，最終達成自己的理想與目標，並無悔於此。

選擇積極面對生活

在美國加州，有一位名叫約翰的年輕人。他從小就有一個夢想，那就是成為一名成功的企業家。雖然他家境並不富裕，但他始終保持著對未來的樂觀態度。

年輕時，約翰開始在一家小型公司工作，並對業務充滿熱情。他總是對生活充滿希望，無論工作多麼繁重，他都保持著正面的態度。他總是告訴自己，無論面對什麼挑戰，都有兩個選擇：一是抱怨，二是迎難而上。他選擇後者。每當有問題出現，他總是將其視為成長的機會，並努力去解決。

然而，某一天，約翰遇到了一次重大危機。他的公司突然遇到財務困難，許多員工面臨裁員，他的事業陷入了低谷。面對這樣的困境，許多人開始對未來感到絕望，甚至有的人選擇放棄。但約翰並未被困境擊倒，相反，他選擇了堅持和改變。他開始學習新的商業模式，尋找投資機會，並重新調整公司的運營策略。

幾個月後，公司的情況開始好轉。約翰不僅成功地帶領公司度過了危機，還因為他的創新理念和積極態度，成功吸引了大量投資，使公司重新崛起。約翰也因此成為業界的佼佼者。

有一次，他的朋友問他在困難的時候是怎麼保持樂觀心態的。約翰微笑著回答：「我總是告訴自己，無論面對怎樣的挑戰，我有兩個選擇：一是放棄，二是找到解決的辦法。我選擇了後者。」

故事啟示

面對困難和挑戰，我們是否能選擇用正面的心態去應對呢？我們每個人都會經歷挫折與痛苦，但只要用正確的態度面對，一切困難終將迎刃而解。

合作的力量，超越單打獨鬥

有四位探險家正在遙遠的沙漠中進行探險，途中迷失方向。為了早點找到出口，他們決定分成兩組，朝著相反的方向出發。約定最先找到出口的組別將帶回救援隊，幫助其他人找到路。然而，經過長時間的跋涉，兩組人已經精疲力盡，並且在無助中等待奇蹟。

突然，一位慈祥的老者出現在他們面前，並送給每組一個裝滿水的水袋，還交給他們一根繩索。第一組的兩人分別接受了水袋和繩索後，立刻開始各自的行動。拿到水袋的人急於飲水，解渴後就靜下來休息，而拿到繩索的人則試圖用繩子攀爬高地尋找路標。

然而，水袋很快就被喝光，而那根繩索也無法幫助他們找到路。即使他們依舊努力，但最終在無水的情況下體力不支，兩人最終未能走出沙漠。

第二組則選擇了不同的策略。他們兩人把水袋平均分配，並保持不斷地合作，互相幫助。每當一人感到疲倦時，另一人便鼓勵他繼續前進，保持士氣。他們用繩索合作攀越險峻的地形，不斷尋找線索和水源。最終，他們找到了出口，成功走出了沙漠。

當第二組帶著救援隊回到第一組的位置時，卻發現第一組的兩人已經因體力不支而死亡。這時，第二組也意識到，僅僅依賴個人的力量，無論多麼努力，仍難以克服困難。真正能帶來生還的，是相互合作與團結。

故事啟示

合作的重要性不言而喻。個人的力量是有限的，而團隊的力量是無窮的。學會與他人合作，取長補短，將能達到更好的結果。正如在大草原中，只有共同合作，才能成功找到生存的希望。合作不僅能讓我們各得所需，還能夠在困難面前讓我們共同突破，獲得生存空間，走向成功。

選擇心境，改變人生

在一座繁忙的都市裡，有一位年輕的男子事業上剛起步，但面對重重困難，經常覺得心力交瘁。一天，他在街上徘徊時，偶然遇到一位年長的智者。智者注意到他的憂慮，便詢問道：「年輕人，為何看起來這麼不開心？」

他回答道：「我剛創業，經歷了很多挑戰，生意也並不如我所願。我感到無力，似乎一切都在倒退，甚至有時懷疑自己是否應該放棄。」

智者微笑著說：「你現在的情況，與你最初的選擇有關嗎？」

他疑惑地說：「我選擇創業，並且努力過了。」

智者點點頭：「那麼，兩年前，你是否也曾面臨過困難，但那時你選擇了樂觀地面對？」

他稍微沉思，隨後回答：「是的，當時雖然也很辛苦，但我記得那時我總覺得挑戰是成長的機會。」

智者繼續說道：「現在，你的挑戰依然存在，只是你改變了對它的看法。你不再把它當作成長的契機，而是看作一個阻礙。」

聽到這裡，小明的眼中閃過一絲領悟。他感謝智者的指點，並下定決心要重新調整自己的心態，對待每一個挑戰時保持樂觀。回到家後，他便開始重新思考事業中所有的困境，並將每一個問題當作改進的機會。

不久後，他的事業逐漸好轉，並且他意識到，成功不僅來自於外在的努力，更多的是源於內心的堅持和對挑戰的積極態度。

故事啟示

人們的情緒和心境，往往取決於自己選擇的看法。當我們心中充滿快樂和正能量時，我們的世界也會變得更加美好；當我們陷入悲傷和負面情緒時，生活的色彩便會黯淡。人生中的幸福與痛苦，成功與失敗，其實在很大程度上取決於我們如何選擇去看待和應對每一個挑戰和困難。

直面挑戰，無懼前行

在一個寒冷的早晨，四位登山者來到了一條河流，這條河水寬廣，水深對成年人來說並不構成太大威脅。對於他們這群登山者來說，過河並非什麼難事。然而，這群人卻因為面對不同的選擇，發生了不同的結果。

第一位登山者，一位經驗豐富的老登山家，看到河流後，迅速決定脫掉鞋子，開始涉水過河。他並未猶豫，因為他知道這條河水對他來說並不危險，且過河的方式最為直接。儘管河水冷冽，他依舊毫不畏懼，一步步穩健地向對岸走去。

第二位年輕登山者則看到前方的河水，猶豫了一會。他走到河邊，觀察一會，然後問我：「有沒有橋可以過河呢？」我告訴他：「上游大約十里有橋，另外下游也有渡船。」他聽後決定放棄直接過河，選擇了向上游走去尋找橋。雖然這樣的選擇看似能讓他避開冷水，但最終卻因為時間拖延太長，反而耗費了更多精力。

第三位年輕登山者也來到河邊，看著這條寬廣的河流後，轉向我問道：「這附近有橋嗎？」我再度回答：「上游十里有橋，下游有船。」這位年輕人顯然有些迷茫，聽後決定放棄走上游的橋，而選擇向下游的船行進。儘管這條路不如直接過河簡單，但他依然選擇了繞遠路。

最終，當第一位老登山者成功順利過河並繼續向目的地前進時，其他兩位年輕登山者依然在原地徘徊，花了更多時間在尋找橋或船的過程中。儘管他們的努力也許是有意義的，但在這樣的情況下，老登山者的選擇無疑是最有效率的。

故事告訴我們，直面挑戰、選擇簡單高效的方式往往能讓我們達到目標，而過度的猶豫和繞路不僅浪費時間，也可能讓我們失去最好的機會。

故事啟示

有時候，繞道的確能夠解決眼前的困難，但當我們選擇總是避開挑戰，生命的長度就會被無限的「繞道」所縮短。如果我們習慣了逃避困難，那麼當無路可繞時，我們可能會停滯不前。選擇直面問題、迎難而上，或許能更快、更有效地走向目標。

大智若愚，智慧在於選擇

一天，一位乞丐來到小鎮上，沒有人想到這個看似呆頭呆腦的流浪者竟然能在鎮上「安身」立命，成為了鎮上的常住居民。

這是怎麼回事呢？他的收入從何而來？其實，一切都源於他的「大智若愚」—— 鎮上的居民常常將他當作傻瓜，覺得他容易被戲耍，便經常拿他開玩笑。最常見的方式是，放一個 1 元和 5 元的硬幣在地上，讓他選擇，大家看到他急忙去撿那個 1 元的硬幣，便會嘲笑他的愚蠢。

這樣的事情每天都會發生，最多的一次，他一天竟然經歷了五十幾次。也就是說，這樣的「表演」讓他每月能夠獲得幾千元的收入。乞丐的生活需求並不高，長時間下來，他不僅能吃飽喝足，還能攢下些錢。

然而有一天，一位有愛心的婦女看不下去了，她對乞丐說：「難道你真的分不清 5 元和 1 元嗎？我告訴你吧，是 5 元的大。你以後拿 5 元的，大家就不會再嘲笑你傻了。」

乞丐聽後，堅定地回應：「我才不要呢！」

婦女感到疑惑，便問道：「為什麼不要呢？你不覺得自己很可憐嗎？」

乞丐眨了眨眼，狡黠地回答說：「因為我要靠這個維生啊！如果我拿了 5 元，誰還會再跟我玩這種遊戲呢？那我不就失去這個收入來源了嗎？」

婦女驚訝得說不出話來，完全沒想到乞丐的智慧竟然在這裡。

故事啟示

當人們自以為聰明、嘲笑他人愚蠢的時候，往往揭示了自己對整個情境的無知。乞丐雖然表面上看似愚笨，實際上卻明白如何利用當下的情況來達到自己的目標。真正的智慧往往藏在謙卑和柔和的態度中，選擇以正確的方式與人相處，才是真正的智者所為。

樂觀的力量，戰勝絕望

維克多．法蘭克是奧地利知名的精神醫學家及心理學家，第二次世界大戰期間，他因為猶太人的身分被納粹送進集中營，面臨極為殘酷的折磨與考驗。

在集中營中，每一天都充滿死亡、飢餓與絕望，許多囚犯無法承受精神壓力，最後選擇了放棄生命。但法蘭克卻注意到一個現象：能夠在集中營裡撐下去的人，並不是體格特別強壯的人，而是心中仍懷抱某種意義與希望的人。

儘管生活環境極端惡劣，法蘭克強迫自己專注在生命中值得活下去的理由。他想著未來能再度與家人團聚，或是站上講臺，把自己的經歷與心理學知識分享給更多的人。這樣的念頭成為他心中堅定的支柱，幫助他熬過了許多艱困的日子。

後來集中營解放後，法蘭克根據親身經驗寫下了《活出意義來》這本經典著作，他在書中提到：「一個人在極度困境中，仍然可以選擇自己的態度，決定自己如何面對生命。」

故事啟示

有時候，樂觀的態度能夠打敗許多艱難困苦。對於人的生命來說，或許生存只需要一些基本的食物和水，但要過得精彩、要戰勝內心的黑暗，就需要樂觀的心胸、堅定的意志和解決痛苦的智慧。選擇樂觀，尤其在困境中，是對自己最有利的選擇。當精神崩潰的時候，無論外界有多少幫助，都無法挽救一個已經放棄希望的心靈。

放棄也是一種智慧

一天早上，媽媽在廚房忙著清洗碗碟，4 歲的孩子在客廳玩耍。突然，媽媽聽到孩子的哭聲，急忙跑到客廳查看發生了什麼事。原來，孩子的手卡在了放在茶几上的花瓶裡。花瓶的口狹而底部寬，孩子的手能進去，但無法抽出來。

媽媽焦急地想方設法，用不同的方法試圖把孩子的手拿出來，但都無效。稍微用力一點，孩子便痛得大哭。無計可施的情況下，媽媽想到了一個辦法，就是把花瓶打碎。雖然這個花瓶是珍貴的古董，但為了兒子的安全，她只好做出這個艱難的決定。

花瓶被打碎後，孩子的手終於脫困。雖然媽媽心疼花瓶的損失，但看到孩子安全無恙，心裡稍微寬慰了些。她讓孩子伸手看看有沒有受傷，這時她驚訝地發現，孩子的手並沒有外傷，卻依然緊握著拳頭。媽媽有些擔心，以為孩子的手可能抽筋了。

然而，經過一番檢查後，媽媽發現孩子並沒有抽筋。他的手握緊是因為他還握著一枚硬幣。原來，孩子為了那枚硬幣才將手卡在花瓶裡，他的手無法抽出來，不是因為花瓶口太小，而是因為他不肯放開那枚硬幣。

故事啟示

放棄有時是一種明智的選擇。就像孩子在花瓶中卡住的手，他因為不肯放棄那枚硬幣，反而困住了自己。生活中，我們也常常會因為固守某些東西，無法放下，結果反而阻礙了自己前進。懂得適時放棄，放下那些無法帶來實質幫助的東西，才能讓自己迎接更多的可能。放棄並不是不思進取，而是為了讓自己能夠更好地進步。正如那句話所說：「退一步，海闊天空。」懂得放棄的真諦，才能理解「失之東隅，收之桑榆」的深意。

選擇自由，掌控命運

30 歲之前，我是一位充滿活力、熱愛跳舞的女性，常常邀請鄰居和朋友們來家中跳舞。看到大家開心的模樣，我覺得自己既幸福又滿足。然而，30 歲那年，一切發生了改變。

我清楚記得那個痛苦的早晨，當我起床時發現自己根本無法動彈。醫生的診斷結果讓我震驚不已 —— 我的脊椎長了一個瘤，無論手術結果如何，我都無法再站起來。當得知自己再也不能回到以往的生活，再也不能教我的女兒跳舞時，我感到無比悲傷。

一段時間以來，我都躺在病床上，問自己這樣的生活還有意義嗎？直到某一天，一個念頭突然閃過我的腦海：「我至少還有選擇的自由！」這一念頭像一道光照亮了我的心靈，讓我從沮喪中甦醒。我告訴自己，無論如何，我選擇堅持下去，選擇樂觀。

隨後，我創辦了當地第一家殘疾人輔導社團，成為了一個殘疾人電臺節目的主持人，並且走進監獄，為那些年輕的犯人們講述人生的道理。我和他們成了朋友，也發現了自己可以為他人帶來光明。

有一天，女兒問我當年是如何熬過來的。我微笑著指指自己的腦袋，回答她：「靠的是我的自由意志！自由有很多種，而我只是失去了身體上的自由而已。」

故事啟示

無論處境多麼艱難，只要我們還活著，我們始終擁有選擇的自由。無論是選擇快樂還是痛苦，堅持還是放棄，生存還是死亡，都掌握在我們自己的手中。更重要的是，我們還擁有改變原本選擇的自由，讓自己在困境中找到希望和力量。

追隨內心，實現夢想

有一位美國男孩，在父母的溫暖關愛中長大。男孩的父母希望他能成為一名醫生，過上體面的生活。然而，男孩進入高中後，對電腦產生了濃厚的興趣。他開始每天沉迷於一臺舊電腦，不停地拆卸和重組電腦的主機板，這樣的活動讓他感到無比快樂。

男孩的父母見狀非常擔心和傷心。他們勸告他：「你應該認真讀書，這樣才能在未來立足。」可是，男孩的內心充滿矛盾，他既不想放棄自己對電腦的熱愛，又不希望讓父母失望。最終，他選擇了按照父母的期望，考入了一所醫學大學。但無論他如何努力，他的心始終被電腦所吸引。

大學第一學期結束時，男孩決定做出改變。他毅然告訴父母自己打算退學。儘管父母極力勸阻，最後還是無奈同意了他的選擇。

退學後，男孩創立了自己的電腦公司，並建立了自己的品牌。兩年後，他的公司成功上市，並迅速成長，僅在短短兩年內，他就擁有了 1,800 萬美元的資產，那時他只有 23 歲。

十年後，他的公司成為了全球知名的品牌，資產達到 43 億美元，創造了堪比比爾蓋茲的商業奇蹟。他就是美國戴爾公司創始人麥可．戴爾（Michael Dell）。

故事啟示

在面臨人生抉擇時，我們最應該問自己的是：真正想要的究竟是什麼？唯有選擇自己真正熱愛的事物，並全力以赴，才能在追求目標的過程中不埋怨、不後悔。做出自己的選擇，並為此負責，是我們走向成功的第一步。正如那句話所說：「擇你所愛，愛你所選。」只有這樣，我們才能真正實現自我的價值。

走過生命的過程

一隻狐狸被葡萄的香氣吸引，找到了葡萄架。在初秋的季節，葡萄熟透，晶瑩剔透的果實讓狐狸垂涎欲滴。牠繞著籬笆轉了一圈，發現了一個小洞。可是，洞口太小，狐狸的身體太胖，根本無法進去。於是，狐狸決定餓自己幾天，讓身體變瘦，好進入葡萄架。

經過七天的絕食，狐狸的身體變得很瘦，終於能順利鑽進洞裡，開始大快朵頤，享受那些美味的葡萄。半個月後，葡萄幾乎吃光了，狐狸打算離開。但當牠來到洞口時，發現自己又胖回來了，根本無法再鑽出洞去。

無奈之下，狐狸再次選擇絕食七天，讓自己瘦回去，才重新鑽出了洞口。最終，狐狸的身體和最初進入時幾乎一模一樣，沒有改變。

看到這裡，有些人或許會笑狐狸的愚蠢，但我卻對牠的行為心生敬意。因為不管是狐狸還是其他生命，生命的開始和結束，最終的狀態往往是差不多的。關鍵在於我們如何度過生命的過程，這段過程如何定義我們的人生。

故事啟示

生命是一個左右對稱的過程，從花開到凋謝，從誕生到死亡。我們無法改變結局，但可以選擇如何度過中間的每一刻。真正偉大的人，選擇創造和探索；聰明的人，選擇享受當下；而逃避的人，則可能錯過了許多可能。人生的價值，在於如何對待這段過程，選擇怎樣的風景，這才是最重要的。

金錢與尊嚴的真諦

有位富翁常常感到自己得不到別人的尊重，這讓他非常煩惱。他心想，自己擁有這麼多財富，為何卻不能獲得應有的敬仰和尊重呢？

一天，富翁在街上散步時，看到一個衣衫襤褸的乞丐坐在街邊，碗裡空空如也。富翁心中一動，決定丟下一枚閃閃發光的金幣，想看看乞丐的反應。然而，乞丐頭也不抬，依然忙著捉虱子，對金幣毫無反應。

富翁不禁生氣，問道：「你眼睛瞎了嗎？沒看到我給你的是金幣嗎？」乞丐冷冷地回答：「給不給是你的事，不高興可以拿回去。」

富翁越來越氣憤，心想自己給了乞丐這麼貴重的東西，怎麼一點感激都沒有。於是，他又丟了十個金幣進去乞丐的碗中，心裡期待著乞丐會趴下來感謝自己。不料，乞丐依然不理會，繼續自顧自地做自己的事。

富翁幾乎要跳起來了，他大聲說：「我給了你十個金幣，你怎麼不向我道謝？我是有錢人，你怎麼一點尊重都不給我？」乞丐懶洋洋地回答：「有錢是你的事，尊不尊重你是我的事，這個強求不來。」

富翁聽了更加急了，他說：「那我把我的財產的一半給你，你願意尊重我嗎？」乞丐翻了翻白眼，看著富翁說：「給我一半財產，那我不就和你一樣有錢了嗎？為什麼我要尊重你？」

富翁越來越急了，最後說：「好吧，我把我的全部財產都給你，你能尊重我了嗎？」乞丐大笑起來：「你把財產都給我，那你不就成了乞丐，我成了富翁，我為什麼還要尊重你？」

故事啟示

故事中的富翁渴望別人透過金錢來認可自己，然而，乞丐的反應卻讓他意識到，金錢與尊重並不總是成正比。真正的尊重不是來自於物質的擁有，而是來自於人格和行為。富翁如果能理解這一點，他不會那麼焦急地尋求外界的認同。真正的尊重來自於內心的自信和行為的真誠，而不是單純的財富擁有。

放下假象，擁抱真實

五歲那年，妞妞收到了媽媽送的假珍珠項鍊。她對這串項鍊愛不釋手，無論穿什麼衣服都會戴上，甚至在晚上睡覺時，也會把它放在枕邊。直到她六歲生日那天，對這串假項鍊的喜愛依然沒有減少。

「媽媽，今天你會送我什麼禮物？」妞妞興奮地問。

媽媽彎下腰，用額頭輕輕地抵住她可愛的小臉，語氣溫柔卻堅定：「寶貝，媽媽當然會送妳一個很漂亮的禮物，但是妳必須用那條珍珠項鍊來交換。」

聽到這裡，妞妞的眼睛瞬間充滿了淚水，她急忙說道：「不可以的，媽媽，妳知道我有多愛它。我能不能用其他的東西來交換？」

媽媽搖搖頭，語氣依舊溫柔但堅決：「不可以。」

妞妞急得語無倫次，眼裡滿是焦急：「我可以把我的小白象送給妳，它是我最喜歡的玩具，還有那條美麗的公主裙……我都可以送給妳……」她不停地提議著。

媽媽依然搖著頭，溫柔而堅定：「不可以，媽媽只要妳的項鍊。」

妞妞靜默不語，晶瑩的淚珠一顆顆滾落下來。她坐在那裡，靜靜地哭著，心中彷彿有千百個不捨和疑問。過了好久，妞妞終於慢慢地從脖子上摘下了那條她心愛的項鍊，雙手遞給媽媽。

媽媽接過項鍊，語氣微微哽咽：「寶貝，這是媽媽送給妳的禮物。」

妞妞緩緩抬起頭，看著媽媽手中的精美盒子，盒子裡放著一條閃閃發光的、由真正珍珠製成的項鍊。她的眼中閃爍著驚訝和喜悅，原來，媽媽一直在等著她放下那條假的珍珠項鍊，才願意將這條真正的珍珠項鍊送給她。

故事啟示

只有放下不具備真正價值的東西，我們才能擁抱那些真正珍貴的事物。生活中，我們可能會因為一些假象或不重要的事物而執著，這樣就會錯過那些真正值得擁有的東西。學會放棄和選擇，無論是物質上的還是心靈上的，往往是讓我們獲得更多、擁有更好生活的關鍵。

做最真實的自己，走屬於自己的路

麥可是個調皮搗蛋的孩子，他對單調乏味的讀書生活感到厭煩，成績差勁，老師的責罰和同學的嘲笑成了他生活的一部分。這使得母親傷心不已，她曾經抱著「望子成龍」的期望，但現在卻無奈地放棄，認為自己的孩子可能再也沒有前途。

儘管成績不佳，麥可卻擁有一項特長 —— 他能夠將木頭和石塊隨手雕刻成可愛的小玩意。看著兒子每天沉迷於雕刻，母親決定讓他退學，並安排他去工廠工作。然而，即使如此，麥可依然對雕塑情有獨鍾，經常為了雕刻作品而熬夜到凌晨，第二天工作時總是困倦不已。母親為此愁眉不展，經常為兒子的未來感到憂慮。

出乎意料的是，麥可最終成為了一位雕塑大師。他在一場雕塑比賽中獲得了特等獎，並且市政府為了表彰他的才華，將他的作品放大並安置在市政大樓前的廣場上。這一成就讓 20 多年來失望的母親瞠目結舌。

故事啟示

每個人都有自己擅長和喜歡的事情，只有你自己最清楚自己真正的熱情所在。當我們按照內心的真實意願去選擇人生道路，而不是被外界的期望和傳統束縛時，我們才有可能成為最好的自己。放下對「應該做什麼」的執著，尋找到自己真正喜愛和擅長的事情，人生便能開花結果。

選擇合適的夥伴，避免自傷

有一天，鐵鍋建議砂鍋和它一起結伴旅行。砂鍋委婉地回應說，自己最好還是待在爐火旁，因為它非常脆弱，稍有磕碰就會變成碎片。

砂鍋說：「跟你相比，你比我硬朗，沒有什麼能讓你受損。」

鐵鍋則信心十足地表示：「我可以保護你，假如有硬東西要碰撞你，我會把你保護得很好，讓你安然無恙。」

經過鐵鍋的勸說，砂鍋最終決定與它結伴上路。可是，當它們的主人一瘸一拐地行走時，兩口鍋不小心撞在了一起。

砂鍋感到非常不舒服，還沒來得及抱怨，砂鍋就因為鐵鍋的撞擊，變成了一堆碎片。

故事啟示

選擇朋友或夥伴時，必須選擇與自己性格和能力相投的人。如果選擇了一個不適合的人，最終可能會像砂鍋一樣，因為不合適的搭配而受到傷害。正如俗話所說，擇友不慎等於自殺。我們應該與那些能互相支持、性格互補的人為伍，而不是與不適合的朋友結伴同行。

無論何時，都要再嘗試一次

有一天，一位生物學家和一位心理學家討論「信心和勇氣」的話題。為了讓心理學家更直觀地理解這個問題，生物學家做了一個實驗。

他將一個大魚缸注滿水，並用一塊乾淨的玻璃板將缸分成兩半。一邊放了一條已經餓了好幾天的食肉大魚，另一邊則放了幾條小魚，正是大魚的最愛。

開始時，食肉大魚看到小魚便眼中放光，拚命地向那邊游去，但一次又一次的撞擊仍無法突破玻璃板的隔離。隨著時間的推移，牠的速度逐漸減慢，衝擊力也變弱。十幾分鐘後，撞得鼻青臉腫的大魚停止了攻擊，無力地躺在水底，眼中充滿了絕望。

此時，生物學家輕輕地抽掉了玻璃板，讓小魚自由地游到大魚嘴邊。令人意外的是，這條食肉大魚竟然無動於衷，僅僅停留在原地看著小魚游過，完全不敢再嘗試捕食牠們。

生物學家不禁嘆息道：「在動物界，大魚吃小魚本是天經地義的，也是輕而易舉的，但這條大魚卻因為一次次的失敗而害怕起自己的美味來，這是多麼可悲啊！」

心理學家看著那條依然不敢行動的大魚，輕聲對牠說：「再相信自己一次，你就可以吃到美味了！」然後他轉向生物學家說道：「我們每一次失敗，都可能讓我們離成功更近一步。無論失敗多少次，第 1,000 次站起來的勇氣，也許就是突破困境的那一刻。」

生物學家總結道：「正如我們所見，因為害怕失敗而選擇放棄，往往會留下許多遺憾。無論何時，都要再嘗試一次，因為每一次的堅持，都是邁向成功的重要步伐。」

故事啟示

我們常因為害怕失敗的痛苦，而選擇放棄或停止嘗試。然而，不選擇嘗試也是一種選擇，往往這種選擇會帶來更大的遺憾。面對困難和挫折，我們應該學會勇敢地再嘗試一次，因為每一次的堅持和努力，都可能是成功的關鍵。

猜疑破壞關係，信任重建美好

在一個小鎮上，一對雙胞胎兄弟繼承了父親的商店，生活一直和和睦睦，直到有一天，一美元的丟失改變了他們之間的關係。哥哥把一美元放進收銀機後離開去辦事，回來時卻發現錢不見了。

哥哥質問弟弟：「你有沒有看到收銀機裡的錢？」

弟弟回答：「我沒有看到。」

但哥哥不願放過這件事，他一直懷疑弟弟，語氣中帶著強烈的質疑和不滿，甚至怨恨開始在心中滋生。

隨著時間的推移，兄弟倆的關係惡化，最終他們決定分開，甚至在商店中間隔起了一堵牆，分居而住。這樣的敵意不僅影響了他們，還蔓延到各自的家庭和整個社區。

二十年後，一位開著外地車牌的男子來到哥哥的商店，並告訴他一段往事。原來，二十年前他還是一名流浪漢，曾經因為飢餓偷走了商店裡的那一美元。他懺悔自己多年的罪行，並特地回來請求原諒。

聽完男子的故事，哥哥淚如雨下，激動地請求他也去弟弟那裡重述一遍。男子按照哥哥的要求，來到隔壁商店，並把事情的真相告訴了弟弟。當弟弟聽完後，他和哥哥相擁而泣，痛苦和遺憾化作了無聲的淚水。

故事啟示

猜疑和不信任可能是人際關係中最具破壞力的因素，它能讓至親之間的情誼變得如敵人般陌生。無端的猜疑只會浪費我們寶貴的時間，讓親密關係陷入痛苦和誤解中。放下無謂的猜疑，才能讓信任與理解在家庭和社會中建立，從而重獲溫暖與和諧。

像咖啡那樣生活

在工作中，曉閩最近對自己的表現感到不滿，因為他在公司升遷時沒有被選中。想到自己多年的努力，他感到憤怒和失望，決定以後再也不像過去那樣積極主動了。

晚飯時，他把這件事告訴了父親。作為一名廚師的父親，聽了兒子的話，沒有多說什麼，只是靜靜地聽著。吃過飯後，父親突然把曉閩叫進了廚房，並開始忙碌起來。曉閩有些不解，隨著父親的動作，開始感到困惑，不知道父親到底在做什麼。

只見父親將三個小鍋裝滿水，從冰箱裡拿出三樣東西：一根紅蘿蔔、一顆雞蛋和一包咖啡。當水沸騰後，父親將這三樣東西分別放進鍋中。十分鐘後，父親熄火，將紅蘿蔔、雞蛋和咖啡分別盛到三個碗裡。

父親看向曉閩，問道：「你看到了嗎？」

曉閩有些困惑地回答：「看到了，爸爸，可是，我實在不知道你在做什麼？」

父親微笑著說：「你看。」他用筷子戳了戳紅蘿蔔，紅蘿蔔變軟了，表面出現了小洞。

然後父親敲開了雞蛋，雞蛋變成了固體。

最後，父親把咖啡端到曉閩面前，香氣撲鼻而來。

「同樣是在沸水中，三種東西的反應卻不同。原本最堅硬的紅蘿蔔變軟了；原本軟的雞蛋變硬了；而原本是粉末的咖啡變成了液體。」父親語重心長地說。

「人一生中，總會面對許多像沸水一樣的困難和挑戰，至於你選擇如何改變，完全取決於你自己。但是，作為父親，我希望你能像咖啡一樣，不被困境所屈服，反而能在其中找到自己的價值和改變。」

曉閩聽後，眼中已經閃爍著淚光。

故事啟示

我們無法選擇生活中的每一個挑戰和困難，但我們可以選擇在逆境中如何應對。就像紅蘿蔔、雞蛋和咖啡的反應不同一樣，面對困難時，我們可以選擇屈服、堅強，或是努力去改變自己和環境。重要的是，我們要像咖啡那樣，在困境中發現自己的價值，並轉化它為前行的力量。

為改變付出代價

春節過後，顧先生決定辭職創業。他聯絡了幾位創業夥伴，並開始尋找辦公場所。經過幾天的奔波，他最終選擇了位於市中心稍遠處、交通便捷的辦公樓。整棟大樓有八層，除了二樓被房東用來開飯店，四到八樓已經租出去了，剩下的三樓空著。顧先生選擇了這間空房，簽訂了租約，並支付了一整年的租金，便開始了辦公。

然而，三個月後，房東來找顧先生商量：「有家公司想租整層，現在三樓就您一家公司。上個月四樓又有一間空房，您要不要搬到四樓呢？」

顧先生好奇地問：「四樓是什麼樣的？」

房東帶著他去看四樓，解釋道：「這間裝修得不錯，而且比三樓大。租金方面，我們可以重新商量。」

顧先生回答：「那我考慮一下。」

一週後，房東再次來到顧先生面前，這次他笑容滿面地說：「我想了想，反正現在我手裡也不缺錢，今年的租金就照原本的算吧。可是，我手裡有些貨沒地方擺，您能不能在四樓幫我隔出一個小倉庫？當然，不會影響您的辦公。」

顧先生又回答道：「我再考慮考慮。」

過了一週，房東再度來到顧先生的辦公室：「顧先生，您就幫我這個忙吧。這地方離市中心遠，房子不好租出去，我已經打了幾次廣告才找到這家租整層的，真心希望能留住這個客戶。」

顧先生依然回答：「好，我再考慮考慮。」

房東急了，幾乎快哭出來：「您別再考慮了，我等不起啊！這樣吧，您今天就搬到四樓去，租金按照原本的合約算，搬家費用和人力我來負責。只要您答應今天就搬過去，行嗎？」

顧先生微笑著抬頭：「早這樣不就得了嗎？其實，我不是存心為難你，只是想告訴你：每一種改變都要付出代價。」

房東連忙點頭，急忙召來早已等在外面的搬家人員。

就在顧先生收拾好後，房東匆忙撥通了租三樓的客戶的電話。然而，對方告訴他：「你怎麼不早點打呢？今天上午我們已經租了別間，連訂金都付了，就這樣吧！」

故事啟示

每一種改變都需要付出代價。如果我們不願意為改變付出代價，最終會付出更多。減少代價的唯一方法就是事先做好權衡，做出明智的選擇。有時，選擇改變並不僅僅是換一個更好的環境，更是對改變後所帶來的代價和後果的深思熟慮。

選擇心情，打開快樂之窗

由於工作繁忙，父母將小女孩送到了鄉下爺爺家。遠離了同齡孩子的陪伴，小女孩感到孤獨。唯有當她跑進爺爺的玫瑰花園，看著美麗的彩蝶飛舞時，她的臉上才會露出笑容。

為了讓孫女開心，爺爺買了一隻黃毛小鬆獅犬送給她。小女孩非常喜歡，每天帶著小狗到處玩耍，憂鬱感消失了。可惜不久後，小狗誤食毒藥死去。

小女孩傷心不已，坐在窗臺上看著窗外，眼淚止不住地流。爺爺看見後，輕輕將她抱起，帶到另一扇窗邊。

這扇窗外是一片盛開的玫瑰花園，陽光下，花香四溢。小女孩的心情漸漸開朗，她回想起在花叢中追蝴蝶的快樂，漸漸忘記了小狗的死亡，臉上露出了笑容。

爺爺溫柔地對她說：「寶貝，妳是可以選擇快樂的，關鍵是看妳開哪扇窗。」

故事啟示

我們無法改變窗外的風景，但能選擇面對哪扇窗。選擇能帶來快樂的窗戶，改變心情，也能改變生活的態度。

犧牲和選擇

美國年輕人麥可來臺旅行時，對易雲一見鍾情。追了兩年後，易雲終於被他打動，辭掉了舒適的工作，跟麥可一起飛往美國。

然而，蜜月過後，麥可便要求易雲去找工作。

「老公，我為了你辭掉了工作，遠離家鄉來到美國，你能體諒一下我做出的犧牲，好好養我幾年嗎？」易雲撒嬌道。

麥可驚訝地回答：「這不是犧牲，這是妳的選擇，這一切都是你自願的，不是嗎？」

聽到這話，易雲感到自己被誤解了，認為自己選錯了人。由於不願在美國找工作，幾個月後麥可提出了離婚。

離婚後，易雲一度消沉，但用完麥可給她的財產後，她不得不再次工作養活自己。沒想到，隨著時間推移，她漸漸立穩了腳跟，財務也變得更加穩定。

隨著對當地風土人情的了解，易雲才明白，在美國，尊重對方的選擇是最重要的，而不是感謝對方的犧牲。她終於意識到，做選擇時應根據自己真實的意願，因為對方不會因為感激而承擔你的選擇帶來的後果。

故事啟示

不要讓別人對你的選擇負責，否則你無法怪罪他人對你不負責。永遠保持自我選擇的權利和自由，這樣你才能擁有真正的幸福。

過度負擔，無法前行

在一座繁華的都市裡，有一位名叫安德魯的年輕人，他一直渴望成為一名成功的企業家。他來自一個普通家庭，靠著自己的努力，進入了一家知名的科技公司工作。安德魯的才華讓他在短短幾年內就升遷為部門經理，似乎一切都在向著成功邁進。

然而，隨著職位的上升，安德魯發現自己的壓力也逐漸增加。為了贏得更多的認可，他總是過度投入工作，不斷承擔更多的責任，甚至將自己的健康與家庭生活放在一旁。他常常熬夜加班，忽視了自己身邊的朋友和家人，也無暇關心自己身體的警告信號。

有一天，安德魯的身體因為長期的過度勞累而出現了問題。起初，他只是感到一些輕微的頭暈和疲倦，但他並未重視，依然堅持工作。直到有一天，他在辦公室突然失去了意識，被同事送往醫院。經過檢查，醫生告訴他，他的身體已經過度疲勞，若不立即休息和調整生活方式，將可能面臨更嚴重的健康問題。

安德魯驚慌失措，這時他才意識到，自己所追求的成功，竟然以犧牲健康為代價。他開始反思自己為何會如此不計後果地投入工作，忽視了身邊的一切。他想起曾經聽過一句話：成功並非一場短跑，而是一場馬拉松。

他終於明白，成功不該只是數字和名利，還應該包括身心的健康和家庭的幸福。然而，當他決定改變時，他面臨的並不是簡單的選擇。他曾經投入過多的精力於工作，以至於現在再想放慢腳步、尋找平衡變得極其困難。公司的期望、業務的壓力、以及自己對成就的渴望都讓他陷入掙扎。他開始嘗試將工作與生活劃分得更加清晰，儘量減少加班，並在業餘時間陪伴家人，調整作息。安德魯發現，當他慢下來時，曾經的工作優先權和職場競爭也讓他感到了無形的焦慮。

慢慢地，安德魯學會了放下那些無法控制的工作壓力，重新找回生活的重心。他不再以工作的成功來衡量自己的人生，而是開始注重身心健康、家庭和真正有意義的人際關係。雖然過去的習慣讓他感到掙扎，但他依然一步步走向更加平衡和健康的生活方式。

故事啟示

過度的負擔與不斷追求外界認可，往往會讓我們忽略最重要的事物。人生的成功不僅來自於事業的發展，更在於我們如何找到工作與生活的平衡。當我們過度追求外在的成就，而忽視內心和身體的需求時，最終可能會付出無法承受的代價。真正的成功來自於知道何時該放下，什麼才是最值得珍惜的。

選擇快樂的態度

凱蒂剛買了新房子，與丈夫商量好牆壁的顏色後，她便請來了油漆工。丈夫曾是優秀的裝修師傅，但不幸在車禍後失明。

油漆工來後，丈夫一邊和他聊天，一邊幫忙做些力所能及的事情，比如扶住顏料桶，雖然這其實並不需要太多力氣。

七天後，粉刷工作完成，牆壁的淡綠色讓凱蒂非常滿意。結帳時，油漆工只收了原本價格的一半。

「怎麼會這樣？」凱蒂疑惑地問，突然明白過來：「我們不需要您的特殊照顧。」

油漆工微笑回答：「我不是為了照顧你們，而是感謝你丈夫。在這幾天與他共事中，我感到非常快樂。他的樂觀讓我意識到，我的處境並非最壞。少算的那部分錢，就當作是我對他表示的謝意。」

油漆工說完，提著顏料桶離開了。這時，凱蒂才發現，油漆工只有一隻右手。

故事啟示

我們無法選擇人生，但可以選擇面對人生的態度；我們無法改變事實，但能改變對事實的心情。不論境況如何，快樂的選擇就在我們手中。

選擇的權利

有一個小女孩十分優柔寡斷，10 歲時，她拿著媽媽給的壓歲錢去鞋店訂做新鞋。

「妳想要方頭的還是圓頭的？」老闆問她。

「這個，我不知道。」小女孩猶豫地回答。

老闆為了幫她決定，拿出了圓頭鞋和方頭鞋讓她選擇。小女孩看了又看，還是無法做出決定。

「我再考慮幾天吧。」她說，並請求時間來想清楚。

幾天後，老闆在街上遇到她，依然詢問她的決定。小女孩依然拿不定主意。老闆突然大聲說：「我知道妳需要什麼了，放心，我會做出妳想要的鞋子！」

一周後，當小女孩來取鞋時，驚訝地發現鞋盒裡有一隻方頭鞋和一隻圓頭鞋。

「怎麼會這樣？」小女孩既生氣又委屈地問。

「這是因為妳一直拿不定主意。」老闆溫和地說，「我只能替妳做決定。這兩隻鞋，是妳的一個教訓，記住，以後別讓別人替妳做選擇，否則妳會後悔。」

故事啟示

自己的事應該自己決定。猶豫不決只會讓你失去選擇權，最終承擔的後果只有你自己。

第四章

努力無限，挑戰一切不可能

很多時候，我們沒能做好一件事，並非因為它本身不可能完成，也不是我們缺乏必要的條件或能力，而是因為我們對自己缺乏信心，沒有持之以恆地堅持下去。

沒有依靠的年輕人

有一位名叫艾米的年輕女子，從小家境並不富裕，但她總是對未來充滿希望和抱負。長大後，艾米考上了大學，雖然她的學業並不出色，但她依然堅持努力，並在畢業後找到了她夢寐以求的工作——一間設計公司的助理職位。

然而，進入公司後，艾米很快發現自己並不如她預想中的那麼幸運。她的同事們大多擁有更高的學歷和更多的工作經驗，而她的工作經常被忽略，並且不斷面對工作壓力。這讓她感到迷茫且焦慮。時間一久，艾米開始懷疑自己是否真的適合這份工作，甚至考慮過放棄，去找一個安穩但枯燥的職位。

就在她快要放棄的時候，艾米遇到了一位年長的設計師——安娜。安娜在業界有著多年的經驗，也是一位不僅技術精湛、而且熱愛生活的人。她看到艾米情緒低落，便決定與她談談。

安娜笑著告訴她：「年輕人，我當年也經歷過你現在的迷茫。你知道嗎？當我剛開始做設計時，我也常常覺得自己不夠好，擔心自己永遠無法比得上那些看似天才的設計師。但是，最重要的是，不是去想自己缺少什麼，而是要學會發掘自己能做得更好的地方。」

安娜的話讓艾米若有所思。那天晚上，艾米回到家後，開始重新反思自己的處境。她意識到，自己並不是缺少能力，而是因為過於焦慮和比較，忽略了自己內在的潛力。

第二天，艾米開始改變自己看待工作的方式。她不再盲目地和其他同事比較，也不再把自己的短處放大。她專注於自己的設計風格，勇敢提出新點子，並且主動向安娜請教。隨著時間的推移，艾米在工作中逐漸取得了進展，她的設計得到了同事和上司的認可。

幾個月後，公司的一個大案子中，艾米的設計方案被選中，並且獲得了客戶的高度讚賞。這次成功讓艾米重新找回了自信，她不再依賴外界的肯定，而是更加堅信自己的價值。最終，艾米在設計領域取得了顯著的成就，並成為了公司的首席設計師。

故事啟示

在這個世界上，沒有優勢不是失敗的理由，反而是前進的動力。就像鯊魚必須不停游動才能生存，人也應該在困境中奮力前行。只要持續努力、不畏艱難，終將成為生活的強者。

直到對方願意傾聽那一刻

幾年前，一位年輕的創業者艾倫決定發展自己的事業。他來自一個小城鎮，沒有強大的背景或資金支援，手頭只有一臺舊電腦和 5,000 美元的啟動資金。艾倫在短短幾個月內開發了一款針對中小型企業的簡易會計軟體，他相信這款軟體能幫助許多小公司更有效地管理財務，但他也知道，市場競爭激烈，要打入這個市場幾乎不可能。

在一次行業展會上，艾倫得知全球知名企業軟體公司的業務主管將會出席，這家公司一直是他理想中的合作夥伴。艾倫決定，不顧一切，去爭取這次合作機會，並希望能夠與他們的主管討論合作的可能性。

第一次去拜訪，他被告知主管很忙，並且會議安排已滿。第二次去時，他被接待人員禮貌地告知「沒空」。艾倫並沒有氣餒，他明白這對於一個小公司的創業者來說，機會本來就難得。第三次、第四次，他依舊沒有放棄，每次都帶著自己的提案文件和產品介紹，但每次都被拒絕。然而，艾倫仍然堅信，只要有足夠的耐心與堅持，總會有轉機。

直到第五次，艾倫再次如約前往，這次他不再輕易離開。當他到達會議室外時，接待人員對他說：「主管這次的會議時間很長，您願意等嗎？」艾倫毫不猶豫地回答：「我願意等。」

他坐下來開始準備，心中默默告訴自己，不管多久，他都會堅持下去，直到有機會與對方見面。五個小時過去了，主管終於走出會議室。艾倫沒有猶豫，他立刻上前，簡單介紹自己，並告訴主管他為何會這麼多次來。

主管對艾倫的執著感到好奇，便同意給他幾分鐘的時間。艾倫毫不浪費這個機會，簡明扼要地介紹了他的會計軟體，並向主管說明了軟體如何簡化財務流程，減少小企業的管理成本。主管聽得入迷，當場表示願意與艾倫的公司合作，在他的產品上提供市場推廣支持。

這次會面後，艾倫和該公司建立了合作夥伴關係，並迅速進入了更大的市場。幾年後，艾倫的公司市值超過了數億美元，他也成功擴展到國際市場。回顧當初的經歷，艾倫常常說：「如果我當時因為被拒絕而放棄，就不會有今天的成功。只有堅持不懈，才能開創未來。」

故事啟示

即使機會微乎其微，只要願意付出百分之百的行動與耐心，也有可能打開一扇本以為不會為你敞開的大門。有志者，無懼難行的路，只怕自己先放棄。

回家的路上，才看見起點

許文是個年輕的軟體工程師，總是對未來充滿無限憧憬，夢想著能創建出一款能改變世界的程式。於是他決定放棄穩定的工作，並將所有積蓄投入到他的新創事業中，開發一款顛覆以往的應用程式，旨在改善日常生活中的繁瑣任務。

然而，幾個月過去了，許文的應用程式並未像他所期待的那樣快速受到市場的青睞。每次他試圖推廣，都遭遇重重挑戰，不僅有資金壓力，還面對著無數競爭對手的壓迫。儘管他努力了無數次，應用程式的下載量依然寥寥無幾。

有一天，當他坐在小小的工作室中，望著堆積如山的工作文件和未完成的代碼，他的心情變得越發沉重。疲憊的他決定重新評估自己的方向。他開始懷疑，是否自己應該放棄這個夢想，回到之前那份穩定的工作，放棄這一切。

就在他打算放棄的那天夜晚，他做了一個奇怪的夢。夢中，他走到自己家中的一個老舊儲藏室，發現其中堆滿了許多他曾經丟棄的舊筆記和計畫。當他打開其中一本筆記本時，他發現那是他多年前寫下的創業初衷。他記錄下的每一個想法，都充滿了他當時的熱情和決心。最令他震驚的是，這些早期的筆記中，很多如今未實現的想法，與他現在的困境息息相關，原來當時他對市場需求的預測並沒有錯，只是他過於急於求成，忽略了基本的累積和一步步實現的過程。

在夢中，突然有一位年長的朋友出現，對他笑說：「當你回頭看看時，你會發現最有價值的，不是遠方的成功，而是你走過的每一步。」這句話深深觸動了許文的內心，他突然意識到自己錯過的並不是創業的機會，而是他在過程中丟失的對過去努力的反思與學習。

當他從夢中醒來，心中已有了新的決定：他不再急於求成，而是要回顧過去，從最初的想法中找回失去的熱情和動力。他收拾好行李，回到家中，重新梳理那份早已丟在一旁的計劃書，重新與自己最初的夢想對話。

這一次，他決定不再把焦點放在成功的短期回報上，而是將精力投入到每一個細節的完善和長期規劃中。幾個月後，許文的應用程式終於開始獲得穩定的用戶基礎。透過這段時間的努力，他對市場有了更深的理解，並且改善了自己當初的設計。最終，他的公司在科技界小有名氣，並且穩定地成長。

故事啟示

真正有價值的發現，往往不在結果本身，而在過程所帶來的成長與醒悟。若沒有那段艱難的歷練，即使金子就在腳下，也不過是一把塵土罷了。

最後一堂課的靜默

大學即將畢業，教室裡瀰漫著離別前的輕鬆氣氛。這天，教授決定替學生們上最後一堂課，一堂不一樣的課。

當大家看見教授帶著一大袋物品走進教室時，氣氛瞬間安靜了下來。沒人知道他準備了什麼，只知道這堂課似乎有些特別。

教授將講桌上的東西一一擺好：一個透明的大杯子、一袋石頭、一袋細沙與一瓶水。他先將石頭一顆顆放入杯中，直到高出杯口。他看向學生們問：「這杯子滿了嗎？」

大家異口同聲地說：「滿了。」

接著，教授拿起細沙，小心地倒入杯子中。沙子順著石頭間的縫隙慢慢滑入，直到整袋沙子全倒完。教授又問：「現在滿了嗎？」

這次，只有一半的學生點頭。

教授又將水緩緩倒進杯子，水滲進沙子與石頭之間的空隙，直到液面溢出。他放下瓶子，再次問道：「現在滿了嗎？」

教室靜悄悄的，沒有人再開口。

「這次杯子是真的滿了。」教授語氣平靜地說，「你們剛剛說『滿』的時候，其實還有空間。而當真的滿了，你們反而不敢再說。」

學生們低頭沉思，然後一起鼓掌，這堂課成了他們最難忘的一課。

故事啟示

真正優秀的人，總明白自己仍有不足。以為自己「已經夠好」的人，反而容易停滯不前。

忠誠不敵變化

在歐洲一間知名手錶製造廠，一位名叫艾瑞克的技術員，負責在組裝線上安裝關鍵零件。他兢兢業業地做了十年，不僅手藝純熟，出錯率也極低，因此幾乎年年被選為最佳員工。

然而，隨著工廠導入全自動化系統，原本由人工操作的流程漸漸由機器取代。艾瑞克因無相關技能而被裁員，他只有基礎學歷，十年來也沒有接觸過新技術，對電腦操作幾乎一無所知。短時間內，他從不可或缺的職員變成了被時代淘汰的一員。

在離職當天，廠長特地與他談話，先感謝他長年來的付出，接著語重心長地說：「其實我們幾年前就宣布過自動化的計畫，並鼓勵大家趁早學習新技術。你記得小馬吧？他跟你做一樣的工作，後來主動學了自動化操作，還閱讀了設備手冊，現在已經升任生產部主任了。機會我們不是沒給，但你選擇原地不動。」

艾瑞克靜靜地聽著，雖然內心五味雜陳，但也無言以對。

故事啟示

再努力的人若停留在舒適區，終究還是可能被變局淘汰。在這個變化快速的時代，不進則退已非警語，而是現實。我們必須持續學習、主動因應，才能在未來的浪潮中立足不倒。

打不好牌，不代表輸了局

在英國長大的年輕人喬納森，從小就喜歡與家人一起玩紙牌。週末晚餐後，大家總會圍坐一桌，一邊喝茶一邊打牌。這晚，他的運氣特別差，連續好幾輪都抽到最爛的牌。

一開始他還能勉強忍住情緒，但幾局下來，越打越煩躁，開始大聲抱怨，甚至有些摔牌。母親在旁看不過去，放下手裡的茶杯，語氣嚴肅地對他說：「既然要玩，就得用你手上拿到的牌，不管好壞。」

喬納森皺著眉頭，仍顯得不服氣。母親接著說：「人生也是這樣，牌是怎麼發的你控制不了，但怎麼打，是你自己的選擇。你不一定會贏，但你得盡力把這副牌打好，那才有意義。」

母親的話讓喬納森沉默了。他雖然當時沒有馬上回應，但這番話他一直記在心裡。多年後，當他面對職場中的裁員風波、投資失利、甚至創業的失敗時，他總會想起那晚的牌局。每次抓到的，似乎都不是一副「好牌」，但他學會了冷靜下來，調整自己，把每一張牌都當成是能夠扭轉局勢的機會。

最後，他成功打造了一家跨國顧問公司，回頭看過往種種，他說：「我沒得選的，是拿到什麼牌；但我能選的，是我怎麼打。」

故事啟示

我們無法挑選出身、背景或際遇，但我們能決定如何面對。與其怨嘆命運，不如沉下心來，把眼前的牌一張張打出最好的一步。人生的勝局，往往就在堅持裡慢慢翻轉。

一塊玻璃的重量

有一位名叫安托萬·范·雷文霍克的年輕人，國中畢業後，他在小鎮上找到一份替政府看門的工作，日子平靜得像水面無波。他不是科學家，也沒有受過高等教育，但這並不妨礙他對世界懷有好奇心。

工作清閒，他便找了件「費工又費時」的事來打發時間——磨鏡片。他並沒有打算做出什麼驚人的成果，只是日復一日地磨、年復一年地磨，把這門手藝當作一種靜心的練習。

但正是這樣一絲不苟的投入，讓他意外超越了當時專業磨鏡師的水準。他製作出的透鏡，其放大倍數遠遠超過時代的需求與想像。某日，他將鏡片湊近眼睛觀察水滴時，驚訝地發現了一個完全未知的世界——數不清的微小生命在水中游動，這正是人類第一次用肉眼看見微生物。

顯微鏡就這樣誕生了。從未受過正式科學訓練的雷文霍克，憑藉數十年如一日的堅持，被推舉為巴黎科學院院士，甚至受到了英國王室的親自接見。

在那個手工為本、知識未普及的年代，一位看門人憑著對細節的執著，打開了現代微觀科學的大門。他磨的不是玻璃，而是時間、耐性與熱忱。他證明了一件事：即使不起眼的事情，只要做得夠深、夠久，也可能讓世界為之一亮。

故事啟示

機會不是等來的。守株待兔，只是一種坐失良機的愚蠢行為。積極行動，尋找時機或者不斷地為自己創造時機，才可能在人生的競賽中獲得勝利。

不再等人的那一步

從前有一位病了多年的男子，因身體無力，只能躺在村邊小路旁。他聽說前方有一處泉水，能幫助人恢復健康，於是他便整天躺著，等著有人來扶他過去。

一天天過去，他沒移動過半步。這時，一位白髮老人走來，看著他問：「你想康復嗎？」

病人說：「想啊，可是大家都只顧自己，沒人願意幫我。」

老人又問：「那你自己為什麼不試著去？」

「我也想，但等我爬過去，泉水早就乾了啊。」

老人皺起眉，語氣堅定：「你一直說想改變，卻什麼都沒做。如果你不願意靠自己站起來，就永遠不會到達目的地。」

病人聽了默不作聲，過了好一會，他緩緩坐起來，試著站起身，然後一步一步往泉水走去。當他終於喝到水的那一刻，他才發現，原來自己一直都做得到，只是以前從沒真正試過。

故事啟示

面對困難時，總等著別人來幫忙，只會讓自己停在原地。有些事不是沒辦法做到，而是你從來沒有真的試著去做。行動永遠比等待更接近答案。

天堂鳥帶來的奇蹟

瑞典一位富裕家庭迎來了第一個孩子，一名金髮碧眼的小女孩。父母對她寄予厚望，但沒幾年，她卻罹患了原因不明的癱瘓症，從此無法行走。

多年後，已是青少女的她與家人乘船旅行。船長的太太很喜歡這位氣質溫柔的女孩，常常抱著她講故事。其中，有一隻美麗又神祕的天堂鳥，特別吸引她。

「天堂鳥真的存在嗎？我能看到牠嗎？」女孩一臉渴望地問。

「當然可以，只要妳站在甲板上等牠出現。」船長太太笑著回應。

「那我們快去看！」女孩興奮地喊著。

船長太太一時忘了她無法行走，牽起她的手便往外走。奇蹟發生了——女孩為了看到傳說中的天堂鳥，竟然忘了自己的身體限制，就這樣一步步走了起來。

從那天起，她的癱瘓慢慢康復，重新找回了生活的主動權。也許正因如此，她從此相信：只要全心投入，沒有什麼是做不到的。

多年後，她成為第一位獲得諾貝爾文學獎的女性，她的名字是——塞爾瑪·拉格洛夫。

故事啟示

有時候，我們之所以無法前進，不是因為現實真的太難，而是內心還沒有真正啟動。當一個人全神貫注地相信、渴望、行動時，限制就不再是限制，改變也就悄然發生了。

靠吃魚成不了作家

美國作家馬克·吐溫原本從事商業活動，後來轉而投入文學創作，一舉成名。他憑藉《卡拉維拉斯郡著名的跳蛙》這部作品迅速走紅，從一個身無分文的小人物成了炙手可熱的作家。他的成功鼓舞了許多真正熱愛文學的人，也吸引了一些只想快速成名的年輕人，羅傑爾就是其中之一。

羅傑爾其實沒有什麼寫作才華，但他卻極度自信，認為自己註定是下一位文壇巨匠。幾經投稿都遭退件後，他依舊不認為是自己寫得不好，而是覺得世人無法理解他的作品。他乾脆把其中一篇退稿連同一封信寄給了馬克·吐溫，信末還寫道：

「我聽說磷對大腦很好，而魚骨含有豐富的磷，所以我天天吃魚，希望能早日成為像您那樣的大作家。請問您吃了多少魚？是哪一種？」

馬克·吐溫看完信和稿子後，忍不住苦笑，提筆簡短回覆：「照你寫的內容來看，你得吃一對鯨魚才夠。」

故事啟示

真正的能力，靠的是日積月累的鍛鍊，不是靠捷徑或偏方。若只想靠吃魚、喝補品就變聰明，世上早就沒有平凡人了。與其幻想方法，不如腳踏實地，一步步練出實力，才是真的成長之路。

裝不滿的口袋

有一天，一位老人帶著年輕人一起到海邊撿海螺，準備拿去市場販賣。

年輕人眼明腳快，自信滿滿地走在前頭，專挑又大又漂亮的海螺。一路上，他偶爾停下來，但大多時候只是掃視四周，嫌東嫌西地錯過不少。

反觀老人動作慢，卻不時彎下腰，無論大小、外觀如何，只要能用、能賣的，他都仔細撿進袋子裡。

沒過一個小時，老人已經撿得滿滿一袋，而年輕人的口袋幾乎還是空的。

老人回頭提醒他：「你錯過太多了，撿得到的才是真的，有些小的也能換錢。」

年輕人卻回答：「我只要最好的，不然不值得彎腰。」

太陽漸漸西下，時間不多了，老人已準備收工，年輕人卻仍在尋找那理想中的「完美海螺」，手上的袋子依然空空。

故事啟示

想一次就得到最好，常常只會錯過眼前能握住的機會。真正的成果，往往是點點滴滴累積出來的。如果太挑剔、太慢行動，到頭來什麼都撿不到。別急著找最大的，先把小的撿起來再說。

那年他 43 歲

暑假來臨，一所大學開設了基礎英語補習班，招生消息一出，報名人潮湧現，看得出來英文這一關，讓不少人傷透腦筋。

報名現場，一位中年男子在人群中擠了許久，終於站到櫃檯前。

「請問孩子的年齡？」接待人員問。

「不是孩子，是我。」男子平靜地回答。

接待人員抬頭，有些驚訝：「您要自己報名？您今年幾歲？」

「43。」

她一時脫口而出：「那兩年後不就 45 了，還學這些做什麼？」

男子笑了笑，反問：「如果我不學，再過兩年會變成 41 歲嗎？」

這句話讓她一時語塞，隨即點頭讓他報名。

從那天起，他和一群青春洋溢的學生們，一起拼音、背單字、練會話。也許是學出興趣，也許是走出節奏，他一路從初級學到高級，後來更考上了大學進修部，並順利取得英語系學位。

幾年後，公司內部招募翻譯職位，因為他有穩定的英文實力，又熟悉內部作業，順利爭取到這份工作，薪水也因此翻倍。

故事啟示

學習永遠不嫌晚，也從來不只為了年輕時才存在。與其在意年齡，不如踏出第一步。也許兩年後你還是會變老，但多了一份能力，就多一種未來的可能。

不先行動，永遠不知道會不會成功

克萊門．史東，是美國「聯合健康保險公司」的創辦人之一，也是保險業傳奇人物之一。他被稱為「保險業怪才」，可誰也沒想到，他的人生起點，是從街頭賣報紙的小男孩開始的。

小時候，史東失去了父親，靠母親替人縫衣維生。為了幫忙家計，他開始在街上賣報紙。有一次，他走進一間餐廳推銷報紙，結果被氣憤的老闆一腳踢了出去。可他沒放棄，拍拍衣服、揉揉屁股，手裡多拿了幾份報紙，又再次走了進去。

這回，客人們被他的勇氣打動，不但勸老闆別再趕人，還紛紛掏錢買了他的報紙。雖然被踢很痛，但他換來了一口袋的收入，也學到了什麼叫做「不要怕再試一次」。

長大後，史東在還沒念完國中時，就開始試著推銷保險。第一次走到一棟大樓門口，他其實很緊張，腦子裡浮現的，是當年被踢出餐廳的畫面。但他告訴自己：「就算被拒絕，也不會損失什麼；但萬一成功了，就有可能改變一切。」然後，他對自己喊：「馬上就做！」

他一間一間地敲門推銷。每當走出失敗的一間，他就立刻踏進下一間，不讓自己有時間想太多。第一天，只成交了兩筆，但他感受到自己的突破，遠遠超過這兩份保單的價值。

第二天，他賣出了四份。第三天，六份。他的信心與經驗一天天累積。

到 20 歲那年，他創立了自己的保險公司。開業第一天，他靠一己之力，在市區推銷出 54 份保險。幾年後，他甚至創下了單日成交 122 份保單的驚人紀錄。

故事啟示

很多時候，不是我們不行，而是想太久、怕太多。機會常常就卡在那「猶豫的一秒」。當你硬著頭皮立刻去做，不讓害怕有機會插進來，反而更容易把事做成。別等自己準備好，真正的準備，是行動的開始。

成功的樣子，其實你早已走在路上

有一個人，總是自嘲自己是個「天生失敗者」。從小到大，他努力過很多次，但從沒真正達成過任何一個目標。他開始懷疑自己是不是被命運遺棄了。多年來與失敗為伍的他，心中積滿了不甘與困惑。

終於有一天，他決定去找上帝，問個明白：「到底要怎麼做，才能成功？」

他踏上了尋找答案的旅程。翻山越嶺後，他來到一條大河邊，遇見一位正在釣魚的老者。他走上前問道：「請問，您知道成功的祕訣嗎？」

老者沒有正面回答，只是把釣竿交給他。當他釣到魚時，老者淡淡地說：「每天能釣到魚，這就是成功。」

這答案讓他有點失望，他覺得那太簡單了，於是繼續往前走。

又走了一個月，他越過幾條河，穿過山林，遇見一位正在打獵的中年人。他問同樣的問題。

中年人舉起剛抓到的獵物笑著說：「每天有收穫，這就是成功。」

他還是不滿意，心裡總覺得成功應該是更特別、更偉大的東西。於是他穿過森林、越過沙漠，終於來到了一片寧靜的地方，見到了上帝。

他急切地問：「請告訴我，怎樣才能成功？」

上帝溫和地笑著回答：「就像你現在這樣。」

他一臉困惑：「我這樣？我什麼也還沒做到啊！」

上帝看著他說：「你一路走來，翻山越嶺，遇見不同的人，聽見不同的答案，也成長了自己的眼界與內心。你以為自己還在尋找，其實你早就在經歷。成功不只是結果，而是你不斷走下去的過程。願意付出、願意前行，本身就是成功的一部分。」

故事啟示

很多人把成功想成某一個明確的終點，卻忘了，人生大多數時間，其實都花在過程裡。如果只在結果來臨的那一刻才感到滿足，那快樂就太短了。當你開始努力、跨出腳步，改變已經在發生，而那本身，就是一種成功。

當龍變得太容易

一年一度的「跳龍門」盛典又到了，來自四面八方的鯉魚全都聚集在龍門下，只為了同一個夢想 —— 只要跳過去，就能一躍成龍，受到萬人敬仰。

但龍門高得驚人，鯉魚們一批批跳上去，又一批批落下來。沒幾次，就有鯉魚開始抱怨：「這根本跳不過去啊！是不是被騙了？」、「我已經跳了十幾年了，明年再跳都要老了，怎麼可能成功？」

抱怨過後，有鯉魚提議：「不如我們自己把龍門降低一點，這樣大家就都能變成龍啦！」大家一聽，興奮不已，馬上動手把龍門重建成一座誰都能跳過的小門。

果然，這回不論大小鯉魚都順利通過，個個變身為龍。牠們原以為會迎來掌聲與榮耀，沒想到卻沒人再把龍當一回事，甚至覺得這些「龍」有點吵、有點多，變得既不稀奇也不討喜。

一頭頭變成龍的鯉魚帶著疑問去請示玉皇大帝。玉皇大帝笑著說：「想要真正體會當龍的價值，那龍門本來就不能低。少了挑戰，就沒有所謂的崇高。」

故事啟示

如果為了看起來像成功，就把標準調低，那就等於自己拆掉了通往真正成長的臺階。人人都跳得過的龍門，不會讓你變得特別。真正的成功，不是門有多低，而是你願意努力跳多高。

一條鐵路，一種生活

孟列·史威濟是一位保險業務員，但比起辦公室裡與數字打交道，他更愛戶外生活。他最大的快樂，是扛著釣竿和獵槍，徒步二十多公里深入山林，在森林裡待上幾天，釣魚、打獵、徹底沉浸在自然中。雖然滿身泥濘、筋疲力盡，但他覺得無比自由。

唯一的煩惱是 —— 這些活動占去了太多時間，影響了他的本業。

有一天，在他準備離開鱸魚湖、返回工作崗位時，心中閃過一個念頭：如果這荒山野地裡也有人需要保險，那我不就能一邊工作、一邊享受山林生活了嗎？

說做就做，他開始打聽。結果真的發現沿著阿拉斯加鐵路，有許多散居的工人、獵人與淘金者，這些人平常與世隔絕，但同樣也有保險需求。史威濟沒多想，馬上整裝出發，踏上他的「戶外推銷之旅」。

他從鐵路這頭一路走到那頭，步行穿梭於偏遠小站與林間小屋。他不只幫人推銷保險，還學會了理髮、下廚，免費幫獨居的漢子們剪頭髮、做熱食，成了他們最歡迎的訪客。更重要的是，他同時也過著自己最愛的生活 —— 釣魚、打獵，徜徉自然。

這樣的日子看似悠閒，但他卻在一年內達成了驚人的業績：銷售額突破一百萬美元，成功晉身人壽保險界最光榮的「百萬圓桌」成員。

他常說：「如果當時那個想法我只是想一想就放過了，這一切根本不會發生。」

故事啟示

許多夢想之所以無法實現，並不是因為做不到，而是卡在「猶豫那一刻」。如果你多想一點、晚行動一點，機會很可能就這樣錯過了。當靈感出現、心中有火，就別等，立刻開始。成功，往往就是從那一步踏出去開始的。

天才，其實是練出來的

談到「天才」，大多數人直覺會認為，那是與生俱來的天賦，是一種來自基因的差異。很多研究天才現象的學者也支持這個觀點。但美國佛羅里達州立大學的心理學教授艾瑞克森，卻用實驗推翻了這項認知。

這項實驗來自法國肯恩大學的博士們。他們研究的對象，是一位數學天才瑞格．蓋姆。他的計算能力異常驚人，能在幾秒內算出 10 位數的 5 次方根，也能快速說出 2 位數的 9 次方；甚至能立即口算出精確到小數點後 6 位的除法答案。

在他進行計算時，研究團隊利用正電子放射層 X 光儀掃描他的腦部活動。結果發現，他的大腦在計算時，活躍區域比一般人多出五個，能同時使用更多記憶區域，自然能大幅減少計算錯誤。

乍看之下，這似乎再次印證了「天才基因論」。但事實是——瑞格．蓋姆並非一開始就有這些能力。他在 20 歲以前，是個普通青年。直到接受一位記憶訓練專家的指導，每天花四個小時練習，六年後才具備現在的能力。

更重要的是，他在不熟悉領域的表現與一般人無異。可見，他的「天才」是針對性訓練的成果。

艾瑞克森教授進一步設計了實驗，找來普通人進行記憶訓練。原本只能記住 7 位數字的人，在訓練一年後，大多都能記住 80 至 100 位數字。這代表所謂的「天才能力」，其實是透過刻意訓練後所建立的「長期工作記憶」。

在匈牙利，一名教育家與妻子也進行了類似的實驗。他們針對三位女兒從小進行心理與西洋棋訓練，結果三人全都成為世界級棋手，徹底顛覆了當地「女生不適合下棋」的觀念。

故事啟示

所謂的「天才基因」，往往只是長期努力與高度投入的結果。那些看起來遙不可及的能力，其實是在不斷練習中慢慢累積出來的。只要方法正確、態度專注，我們每個人都可能練出自己的天才力。

運氣，找的是還在飛的人

冬日寒風刺骨，兩隻飢餓的老鷹在空中盤旋，努力尋找獵物。不管牠們怎麼望向遠方，眼前始終是一片白茫茫，連老鼠的影子都沒有，更別說兔子或山雞了。

飛了一段時間，其中一隻鷹實在撐不下去，對同伴說聲「我先休息一下」，便飛到一處山崖邊，縮著脖子窩在背風處打起瞌睡。

另一隻鷹沒有停下。牠繼續耐著寒風在空中盤旋，一圈又一圈。忽然，牠銳利的眼睛瞄到雪地裡一個褐色的小點。牠立即俯衝而下 —— 是一隻野兔。

當牠帶著戰利品回到山崖，開始大口吃著兔肉時，原先打瞌睡的老鷹眼巴巴地看著，咽著口水羨慕地說：「你真的太幸運了，運氣比我好多了。」

仍在吃的鷹淡淡一笑：「也許吧。不過我發現，運氣好像比較喜歡那些還沒停下來的鷹。」

故事啟示

所謂好運，往往不是碰巧發生的，而是持續努力的人剛好撞上了機會。當你早早放棄，運氣就算來了，也只能悄悄離開。與其羨慕別人的收穫，不如讓自己一直保持在準備好的狀態裡。

誰的財富才是真的

俄國詩人普希金雖然收入豐厚，卻過著簡單節儉的生活。他常穿著早已褪色或過時的衣服，因此許多不認識他的人，往往誤以為他是個窮困的寫詩人。

某天，他穿著一如往常的舊外套，在餐廳裡用餐。一位穿著華麗的貴族青年認出他，便走上前來諷刺說：「普希金先生，您這身打扮看來，錢包裡應該裝滿了鈔票吧？」

普希金抬眼看了他一眼，語氣平靜地說：「當然，我可能還比你富有一些。」

對方聽了有些不服氣，立刻拿出鼓鼓的錢包，炫耀地說：「這只是我平常的零用錢而已，每個月我父親都會匯一大筆錢給我。」

普希金點點頭，接著說：「也就是說，如果哪天你先花光了錢，這個月就得挨餓了，對吧？但我不會，因為我有穩定的進帳。」

「什麼意思？你不是靠家裡的吧？」

普希金微笑回應：「我靠的是那 33 個俄文字母。只要我還能寫，收入就不會停。」

故事啟示

真正的富有，不是看錢包多厚，而是看你是否有持續創造價值的能力。依賴別人支援的錢，終究會用完；靠自己的能力賺來的收入，才是真正穩定的進帳。

沒想過不可能，就真的辦到了

萊瑞·杜瑞松在第一次接到軍中任務時，連長交辦給他一整串瑣碎又困難的事項：聯絡幾位長官、遞送文件、申請補給物資，其中最棘手的，是取得當時極度短缺的醋酸鹽。

任務一接到手，他立刻點頭答應：「沒問題，我會全部完成。」他沒多想該怎麼做，只是下意識地答應了，因為他覺得這是他的責任。

如連長所預料，任務過程一點也不輕鬆，尤其在申請醋酸鹽這一關幾乎卡關。補給部門的中士一口回絕他的請求，說明存量太低、申請者太多。

但杜瑞松沒有放棄。他不斷地解釋用途，耐心說明重要性，也許是說得太有道理，也可能是太煩人，最後中士終於點頭答應，讓他拿到了一份珍貴的配給。

當他順利完成全部任務回到連長辦公室覆命時，連長一時語塞，滿臉驚訝。因為連長其實早就預料他辦不成，尤其是醋酸鹽的部分，先前申請的人幾乎全都鎩羽而歸。

「你怎麼做到的？難道你不覺得這任務根本不可能嗎？」連長忍不住問。

杜瑞松回答得很簡單：「不會啊，這是您交給我的任務，我也已經答應會完成，怎麼可能做不到？」

連長搖搖頭，苦笑道：「我本來已經準備好聽你找藉口了……」

杜瑞松一臉疑惑地說：「我沒想過要找藉口，我只是想著怎麼把醋酸鹽要到手。」

連長頓時明白了：「對，就是因為你從沒想過要找藉口，才真正辦到了！」

故事啟示

有些人做不到，並不是能力不夠，而是太早開始替自己想好藉口。藉口不會幫你完成任務，只會讓你離成功越來越遠。與其花時間思考為什麼不行，不如專注想辦法讓它成真。成功，往往從「不為自己找理由」開始。

不是運氣，是準備過後的冒險

在某個被群山環繞的小村莊裡，住著一位名叫馬庫斯的年輕人。他從小聽說過村子外面的森林中，藏有一處神秘的洞窟，那裡埋藏著巨大的寶藏。對於這些故事，馬庫斯心生嚮往，夢想有一天能像傳說中的英雄一樣，發現寶藏，改變自己的人生。

馬庫斯的家境並不富裕，他常常幫村裡的長者做些雜事來換取一些食物和小零錢。雖然生活困苦，但他從來不抱怨，心中卻總是對寶藏的夢想充滿了渴望。

某日，村中的老爺爺告訴他，年輕時自己也曾嘗試進入那片神秘的森林尋找寶藏，但終究未能如願，甚至差點迷失其中。馬庫斯聽後不以為意，他認為自己有比老爺爺更大的勇氣與智慧，決定去探索這片傳說中的森林。

他帶著簡單的行囊，踏上了尋找寶藏的旅程。初始的幾天，他在森林中尋找著蛛絲馬跡，但什麼也沒發現。隨著時間的推移，他開始越來越迷茫，食物也漸漸所剩無幾。就在他快要放棄的時候，他忽然在一片灌木叢中發現了一個隱蔽的洞口。

洞口深處隱隱透出金光，馬庫斯興奮不已，快步走進去。洞內布滿了各種奇異的石壁和洞窟，但並沒有他期待的財寶。反而，他在洞的最深處找到一塊石碑，上面刻著古老的字句：真正的寶藏，不在於金銀，而是找到內心的平靜與自我。

這段話讓馬庫斯深受觸動。他開始重新思考自己為何而來，究竟是為了追求金錢，還是尋找內心的真正需求。在回想起一路走來的艱辛與挑戰時，馬庫斯忽然明白了，自己所追尋的並不是外界的財富，而是過程中所學到的堅持與成長。

回到村莊後，馬庫斯決定不再將生活的重心放在尋找外在的財富上。他開始專注於幫助村裡的人，利用自己在森林中學到的知識，教導大家如何更好地利用自然資源。他的名字很快傳遍了周圍的村莊，成為大家口中的智慧人物。

隨著時間的推移，馬庫斯成為了一位受人尊敬的導師，而他當年所尋求的寶藏也在他不斷地努力與奉獻中找到了 —— 內心的滿足與平和。

故事啟示

所謂真正的冒險，不是憑一時衝動或僥倖心理，而是在深思熟慮、調查清楚後做出的判斷。成功不是靠賭，而是靠觀察、分析與行動。準備得越充分，所謂的「冒險」其實風險就越小。運氣會眷顧行動的人，但它更青睞有準備的大腦。

在破房子裡找到了方向

有一位名叫戴維的記者，他的成就在人們心中留下了深刻的印象。雖然他的名字並不像其他大人物那樣響亮，但他的奮鬥過程卻是許多人的楷模，尤其是他如何在充滿困難的環境中找到自己的道路，並最終獲得認可。

戴維出生在一個極為貧困的家庭。父母都是普通的工人，每天辛苦工作以維持生計。從小，戴維就對自己的未來感到迷茫，覺得像他這樣出生在貧困家庭的孩子，終究只能過著平凡的生活。他的父親是一名廚師，每天都在餐廳裡工作，而母親則在附近的洗衣店打工。這樣的生活讓年幼的戴維對未來充滿了無奈，認為自己的命運早已註定。

然而，在戴維 9 歲那年，他的父親帶他去了當地的一個博物館，參觀了許多知名人物的故居。在其中一個展覽中，他看到了一位畫家的簡陋畫室，這位畫家一生都過得非常窮困，甚至連結婚的機會都沒有。當戴維問起為何這樣的藝術家能夠成為偉大人物時，父親答道：「他可能一生都不曾擁有金錢或地位，但他所創作的作品永遠存在，並且改變了無數人的生活。」

這番話深深觸動了戴維。他開始明白，無論出生如何，真正的成功來自於對理想的追求和對目標的不懈努力。他逐漸意識到，自己不必因為貧窮或困境而氣餒，而應該將自己的努力和智慧投入到自己熱愛的事業中。

隨著時間的推移，戴維決定將新聞業作為自己的事業，開始努力寫作和採訪。他一路走來，經歷了無數的挑戰和困難，但每一次的挫折和失敗都讓他更加堅定。最終，戴維成功站上了新聞界的高峰，並成為一位受人尊敬的記者。他的報導不僅改變了無數人的看法，也讓他成為了後來者的榜樣。

多年後，當人們回顧戴維的故事時，大家都知道，他的成功並不是偶然的。正如當年他父親所說，成功不是來自出生背景或財富，而是來自對理想的堅持，來自於不畏艱難、勇敢追求的力量。戴維的故事告訴我們，只要堅持自己的信念，無論處於何種困境，最終都能找到屬於自己的光明道路。

故事啟示

成功從來不問你出身在哪裡，也不在乎你家有多少資源，而是看你願不願意跨出那一步。努力，會讓原本的劣勢變成你的優勢；但如果你選擇放棄，再好的起點也只會白白浪費。成功，只問你走得夠不夠遠。

為什麼不全力以赴？

年輕的海軍軍官卡特，剛從海軍學院畢業，充滿自信地開始了自己的軍官生涯。一天，他受邀進入海軍高層將領哈里森的辦公室面談。哈里森將軍請他選擇一個自己擅長的領域進行討論。卡特選擇了他最熟悉的戰略部署、戰術演練和海上戰鬥技巧，因為這些正是他在海軍學院中所學的精華。

一開始，卡特感覺談話順利，他自信滿滿地回答了幾個問題，覺得自己做得不錯。隨著討論深入，將軍提出的問題越來越具挑戰性，問題的層次也不斷加深。卡特的自信逐漸動搖，開始無法回答將軍的問題。最終，他只能尷尬地笑著，無言以對。

將軍注意到卡特的窘迫，但沒有指責，只是微笑著點了點頭。這一微笑讓卡特突然覺得自己對自己熟悉的領域了解得遠遠不夠，這一點讓他深感震撼。

正當卡特準備結束這場面談時，將軍突然問了一個問題，讓他完全措手不及：「你的成績如何？」

卡特稍微有些驕傲地回答：「在海軍學院的 800 名學生中，我排第 30 名。這個成績還算不錯。」

將軍聽後仍然保持平靜，並再次問了一個讓卡特難以回答的問題：「那麼，你覺得自己有全力以赴嗎？」

卡特猶豫了片刻，然後老實地回答：「沒有。」他這樣回答，想表達自己還有提升的空間，並且覺得這樣比較謙虛。

將軍再次問道：「那為什麼你不全力以赴呢？」

這個簡單的問題讓卡特突然愣住了，無法找到任何解釋的理由。他低下頭，沉默了好一會兒，隨後默默地走出了辦公室。

這句話深深震撼了他。他意識到自己過去的每一個挑戰，都沒有真正做到全力以赴。從那以後，「全力以赴」成為了他的人生座右銘，無論面對任何挑戰，他再也不會保留一絲力氣，只會全力以赴。

多年後，卡特不僅成為海軍中最具威望的指揮官之一，還在其他領域取得了巨大的成功。他的全力以赴的態度，讓他在事業中屢創佳績，最終成為一位世界知名的領袖人物。

故事啟示

我們經常說「盡力而為」，但真正有多少次，我們真的竭盡所能？即使不為結果，只要全力以赴，就不會留下遺憾。而往往，成功也會悄悄跟著來。

笨讀書人與聰明賊

曾國藩小時候並不聰明，甚至常被笑說是「呆子一個」。一篇短短的文章，他總是要念上二、三十遍才能記住。但他不覺得辛苦，反而樂在其中，每天埋頭讀書，從不間斷。

有一晚，他又在家苦讀。這回是一篇不到三百字的文章，他反覆讀了許多遍還背不起來。

恰巧這時，有個小偷潛伏在屋簷上，打算等屋裡的人睡了後下手。沒想到曾國藩念書念得入神，遲遲不休息。小偷等了一個時辰，只聽他還在一遍又一遍地念。

最後，小偷忍不住氣炸了，跳進屋裡喊道：「像你這麼笨還讀什麼書！」說完，當場把那篇文章一字不漏地背出來，隨即轉身離去。

曾國藩聽得目瞪口呆，但他沒有放棄，依然日復一日地讀書、練習。後來，他成為清朝著名的大臣與改革家，被譽為近代中國最具影響力的人物之一。

而那個天資過人的小偷，歷史上卻再也沒留下任何痕跡。

故事啟示

聰明不代表成功，努力才是真正的分水嶺。即使不聰明，只要肯堅持、肯累積，時間終將給你一個不一樣的結果。你走過的每一步，終究會在未來某天回報你。

用雙手買來的字典

湯姆十歲那年，父親過世了。從那時起，他便和母親一起撐起這個家。在其他孩子還在無憂無慮地玩耍時，他已經知道什麼叫責任。

那段時間，他需要一本字典來應付學校的課業，但他遲遲不敢開口向母親要錢。看著媽媽為了生活精打細算、日夜操勞，他怎麼也說不出口。

那晚，他躺在床上輾轉難眠，一直到天快亮才迷迷糊糊睡去。隔天早上醒來，大雪覆蓋了整條街道，冷風刺骨。

但湯姆看到的不是困難，而是機會。他主動敲鄰居家的門，提出幫忙清理門前積雪。鄰居答應了，並在他清完雪後給了他報酬。

於是他一家接著一家掃，整整一天下來，他不僅賺到了買字典的錢，還有些剩下。

當他帶著字典回到家時，發現家門口的雪已被母親掃乾淨，屋裡飯菜熱騰騰地等著他。母親什麼也沒說，只是用滿是鼓勵的眼神看著他。她知道，這個孩子長大了。

隔天，湯姆坐在教室裡，望著自己用辛苦賺來的字典，心裡比誰都踏實。多年後，他成了一家大型企業的董事長。

故事啟示

不是阻礙，反而是讓人更早學會負責、學會靠自己的一種動力。真正的改變，從不靠等，而是從願意動手開始。勞動，也許不能立刻改變命運，卻能一步步把機會握在自己手中。

傻一點，福氣就來了

從小，我就不是個計較的人。學校裡，無論是幫忙老師整理教室，還是替同學搬東西，或者幫忙做些雜事，我總是二話不說地答應。大家總覺得我總是願意幫忙，像是我的性格使然，也覺得幫忙是我應該做的事情。儘管如此，我發現自己總是容易被當作「傻子」看待，當人們忙碌完畢後，會偷偷笑我說：「這傻子真是個好人，永遠不會拒絕別人。」

這讓我不免有些困惑，但我不想辩解，心裡總是默默地告訴自己：「也許做這些無私付出的事，會有自己的福氣。」

幾年後，我進入了一家公司工作，仍然保持著不計較的性格。那時，一位同事告訴我，因為臨時有事，他無法完成報告的準備工作，於是請我代他完成。我沒有多想，就默默答應了。當時，我還在為自己的工作努力，但這一決定成為了未來的一個轉折點。

後來公司經濟遭遇瓶頸，我的部門也面臨縮編的危機，突然之間我失去了工作。無助中，我心情沮喪，但卻收到了一個意外的電話，是以前幫過忙的同事打來的。他告訴我，最近有一個重要案子，正好需要我的幫助，並且工作待遇很不錯。

我當然答應了。不久後，這個案子成功完成，公司對我的努力給予了高度肯定，並提拔我為專案經理。幾個月後，該公司還為我提供了更高層的職位。從那時開始，我終於明白，那些曾經的默默付出，原來是我事業中的一部分基石，而我的「不計較」與「願意付出」才是最大的優勢。

故事啟示

很多人說傻人有福氣，其實是因為這些「傻人」願意默默付出、甘願吃苦，做那些別人不想做但其實重要的事。他們不是不聰明，而是選擇不計較。時間久了，這些看似不起眼的努力，終究會帶來意想不到的回報。

再多爬一步，可能就是出口

兩隻螞蟻不小心掉進了一只玻璃杯裡。

一開始牠們驚慌失措，在杯底來回亂竄，想找個出口。很快牠們發現，根本沒有縫隙，唯一的辦法就是沿著杯壁往上爬。

但玻璃太光滑了，才爬兩步就滑了下來，摔回杯底。

牠們試了一次又一次，每次摔下來都比前一次更痛。尤其有一次，眼看就快爬到杯口，卻在最後一刻滑落，狠狠撞到杯底。

其中一隻螞蟻躺在地上喘著氣，揉著痛處說：「太危險了，再爬下去可能會摔死，我們放棄吧。」

另一隻則望著杯口，回了一句：「可是剛才，我們只差一步就成功了啊！」說完，又奮力開始攀爬。

牠一次又一次地滑落，又一次次重新出發，終於，在最後一次嘗試中，牠終於碰到了杯緣，咬緊牙關，一鼓作氣翻了出去。

杯內的那隻螞蟻看著牠，既羨慕又不甘，問：「你是怎麼成功的？」

杯外的螞蟻回頭說：「越接近成功，越難。但只要不失去信心，就還有機會翻出去。」

故事啟示

越接近目標的時候，往往越辛苦，越容易放棄。但只要你還願意多撐一下、多嘗試一次，也許下一步，就是突破的那一步。真正能走到最後的人，不一定是最厲害的，而是最不輕易放棄的。

想開花，得先埋種子

小獅子從小最崇拜的就是牠威風凜凜的父親——森林之王。看著百獸聽命、人人敬畏，小獅子心裡熱血沸騰，暗自立下志向：將來我也要成為像爸爸一樣的大人物，讓大家對我刮目相看。

於是牠整天想著怎麼做出「大事業」，對於生活中一點一滴的小事，完全不放在眼裡。媽媽叫牠幫忙搬個果籃、朋友找牠合力搭建小屋，牠都搖搖頭說：「我注定是要做大事的，這些小事太浪費我的才華了。」

漸漸地，森林裡的動物們開始覺得牠很愛說大話，私下還替牠取了個外號叫「空想家」。

有一天，小獅子在山下閒晃，遇見了正在打理院子的老馬。老馬看牠無所事事，忍不住碎念了幾句。

小獅子立刻反駁：「我不是不想做事，我是想做有意義的大事！做那種能讓大家記住我的事，不然我努力幹嘛？」

老馬聽了笑笑，回家拿出一包花種子，遞給牠說：「這是這座山上最珍貴的花。等它開花，整座山都會被它香氣包圍，這難道不是一件驚天動地的大事嗎？那你現在就想辦法讓它趕快開花吧。」

小獅子不以為意地回答：「這很簡單啊，先把種子埋到土裡，再澆點水，等春天它自然就開花啦。」

老馬故意追問：「可是你不是說，做大事不能被埋沒嗎？怎麼現在反而說要把種子先埋起來？」

小獅子愣住了，臉頓時紅了。

老馬拍拍牠的背說：「你自己也知道，大事從來不是一蹴可幾的。想開花，得先埋種子。」

故事啟示

真正能成就一番事業的人，往往都願意從小事做起。沒有誰一開始就站在高處，所有的成功都是從默默耕耘開始累積的。若你一心只想出頭，卻從不願意埋頭，那最終只會讓自己空等、白忙，還被當笑話看。

早起一小時，重拾童年夢

威爾福萊特．康是一名企業家，事業有成、財富自由，表面上什麼都不缺。但他心裡總覺得生活中好像少了點什麼。

直到有一天，他忽然想起小時候的夢想——成為畫家。這個念頭被現實埋藏了幾十年，現在再拿起畫筆還來得及嗎？時間允許嗎？他心裡充滿問號。但想了很久，他最後還是下定決心：每天抽出一小時畫畫。

身為大企業家，他的行程幾乎排得滿滿。但他真的做到了每天畫一小時，而且一畫就是好幾年。為了確保這段時間不被打擾，他甚至每天清晨五點起床，在吃早餐前完成他的「畫畫時段」。

後來他說：「其實那一小時不算苦，因為一到早上我就充滿期待，渴望讓我自動醒來。」再後來，他乾脆把自家頂樓改成畫室。多年累積下來，他的畫不但辦過畫展，甚至在油畫領域有了相當成就，而他原本連畫筆都沒碰過。

這些畫作也帶來了不小的收入，但他並未拿來自己用，而是全部轉為獎學金，專門鼓勵有志從事藝術的年輕學生。

故事啟示

大家每天的時間都一樣，但成功的人能在忙碌中擠出想要的生活。很多人總說「沒時間」，但真正想做的事，是會主動為它空出時間的。與其感嘆不夠，不如學會掌握。每天的一小時，可能就是夢想的開始。

第五章

掌握命運，走自己選擇的路

「走自己的路，讓別人去說吧！」每個人看待世界的角度都不一樣，也因此，每個人的命運不可能完全一樣。若是讓別人替你決定方向，你往前走也不是，往後退也不對，左看看、右看看，怎麼選都卡住，最後只會原地踏步、一事無成。人生的方向，不能交到別人手裡。只有你自己，才有權利決定該怎麼走，該往哪裡去。

不聽風向，只聽自己

艾米出生於美國中西部的一個小鎮。她成長在一個普通的家庭，從小就對藝術充滿熱情。儘管家人希望她能夠有一個穩定的職業，像是成為一名律師或醫生，但艾米卻一直夢想成為一名舞蹈家。

有一天，艾米回到家，激動地告訴母親她在學校舞蹈比賽中表現不錯，贏得了第二名。可是，她的母親卻不以為然，說：

「舞蹈不能當飯吃，為什麼不考慮其他更實際的事業？」

這讓艾米感到很沮喪，但她的父親聽後輕輕拍了拍她的肩膀，說道：「艾米，妳有自己的夢想，也有自己的路要走。別人怎麼看妳不重要，最重要的是妳相信自己。」

那句話深深觸動了她的心，她從此決定不再輕信他人對她的評價，而是專心追求自己心中的夢想。

幾年後，艾米進入了知名舞蹈學校學習，並迅速在舞蹈界嶄露頭角。然而，在她的舞蹈生涯初期，卻遭遇了重重挑戰。一位經紀人曾告訴她，「妳的舞蹈風格太過獨特，市場需求不大，或許不適合進入主流。」這樣的建議讓她深感困惑，但她依然堅持自己的風格，並為每一場演出全力以赴。

某次演出，她在一個不太受關注的地方表演，並沒有什麼大規模的宣傳。然而，正是這場小規模的演出吸引了一位影視導演的注意，他看中了她的才華，並邀請她參加一部舞蹈題材的電影拍攝。這部電影最終大獲成功，使她的名字家喻戶曉。

多年的努力與堅持讓艾米終於找到了自己的舞臺，她的名字不僅在舞蹈界傳播開來，還在全球的電影和電視圈贏得了廣泛的認可。

回顧自己一路走來的經歷，艾米感慨萬千，曾經的質疑與不被理解，反而成為了她堅定信念、奮力向前的動力。她曾在一場演講中提到：「如果當時我聽從了別人的建議，或許我不會站在這裡。人生的路，不是為了迎合他人，而是要忠於自己的內心。」

故事啟示

人生路上總會有很多聲音，有人讚美，也有人質疑。真正重要的，是你能不能聽見自己內心的聲音。做決定時，要有判斷力、有主見，不盲從、不動搖。自己的人生，只有你能決定方向。

用廢鐵打造的傳奇

美國某州有一座歷史悠久的大型女神像，長年風化破損，終於被州政府決定拆除，只保留廣場和周邊建築。

神像拆除後，留下的卻是一堆龐大的廢料：破碎水泥、扭曲鋼筋、腐朽木材、氧化金屬……總量超過 200 噸。如果要清運到遠方的垃圾場，光是車輛、人工費就要花超過 2 萬 5 千美元。這筆錢讓誰都不願接手這個苦差事。

就在這時，一位叫托馬斯的男子主動現身。他提出：只要政府支付 2 萬美元，他願意負責全部清運工作，還保證會完全合法處理這批廢料。政府當場簽約，並給了他一紙保證書，明確不會干涉他後續的處理方式。

托馬斯沒有像大家想的那樣找卡車清運。他請人把所有廢料分類、分割，然後一一轉化為「紀念品」。為了營造話題，他還找來一批退役軍人把整片場地圍起來，立了一塊大木牌：「這裡即將發生一件奇妙的事。」

這塊神祕告示迅速吸引了群眾圍觀與媒體注意。

某天深夜，有人闖入現場偷走一盒紀念品，當場被逮，引發全美關注。電視、報紙、廣播接連報導，全國一夕之間都在討論這件事。

趁著聲勢，托馬斯開始販售這些「神像遺物」，盒上印著一句話：「女神雖已逝，我留下了她的一角。願這份記憶長存。」

最便宜的一盒只要 1 美元，最貴的如「女神的嘴唇」高達 150 美元，卻還是搶購一空。短短一段時間，托馬斯靠這批「垃圾」大賺了 12 萬 5 千美元。

故事啟示

眼光決定收穫。真正會發現機會的人，能在別人避之唯恐不及的廢墟中挖出黃金；而有些人就算站在機會旁邊，也可能因為看不出價值而錯失良機。重要的不是資源，而是你看事情的角度。

站在腳印的前方

有一位名叫傑瑞的年輕人，他決定離開家鄉去追尋自己的夢想。傑瑞來自一個普通的家庭，家裡並不富裕，但他心中有著一個大夢想，那就是成為一位知名的攝影師。

然而，實際的生活遠比他想像中的要艱難。傑瑞帶著自己的相機來到城市，但這裡的競爭激烈，生活費用昂貴，而他也並不被認可。許多次他嘗試向不同的攝影師求學、投遞作品集，但大多數的回應都是冷漠或拒絕。每當他疲倦地走在繁忙的街道上，覺得自己似乎永遠也無法成功時，心中的不安和自我懷疑便會悄然升起。

一天，他經過一間舊書店，偶然看到一本書，書名叫做《走過未來的自己》。好奇之下，他走進書店，翻開了這本書。書中提到一個簡單的概念：無論我們的路有多困難或漫長，最重要的是選擇走下去，並對每一步負責。你的腳步已經走出了現在的路，下一步的選擇，永遠掌握在自己手中。

這些話深深觸動了傑瑞。他放下書本，離開書店時突然有了新的覺悟。那天，他不再把自己當作被動的接受者，而是認識到，每一次嘗試，每一次失敗，都是自己走過的腳印。他開始不再害怕自己的選擇，也不再焦慮未來可能的困難。

接下來的幾個月，傑瑞開始更加積極地探索自己攝影的風格，拍攝街頭的風景，捕捉平凡生活中的美麗瞬間。他放開了焦慮，專注於自己的進步與提升。隨著時間的推移，他的作品漸漸得到了認可，開始接到一些商業合作，甚至有了自己的攝影展。

幾年後，傑瑞成為了一位知名攝影師，他的作品被世界各地的藝術館收藏。他回望自己曾經的困境，發現那段艱難的日子才是他真正成長的時刻。每一次的努力和選擇，都讓他更接近自己最初的夢想。

故事啟示

人生的路，難免漫長又辛苦。但只要我們還在往前走，就永遠站在自己人生路途的最前端。每一步都是自己的選擇與努力，只要記得這一點，就能堅定地走下去，不怕再高的山、再遠的路。

嘴邊的魚，別等到游走才後悔

深海裡，一隻小鯊魚終於長大了，開始跟著媽媽學習如何獵食。牠很快就掌握了捕食技巧，讓媽媽相當放心。

「孩子，你已經長大了，該開始獨自生活了。」媽媽對牠說。鯊魚是海中的強者，沒什麼天敵，所以媽媽相信，牠一定能自己過得很好。

幾個月後，鯊魚媽媽在一個食物豐富的海溝裡又遇到了小鯊魚。讓牠吃驚的是，孩子看起來不但沒變壯，反而顯得虛弱又疲憊。

這是怎麼回事？媽媽正想問，恰巧看見一群鉤吻鮭游了過來。小鯊魚精神一振，藏好身體準備出擊。

一條鉤吻鮭游到了牠嘴邊，毫無防備。鯊魚媽媽心想：「機會來了，這下可以好好吃一頓了。」但小鯊魚卻一動不動。

第二條、第三條、甚至第四條鉤吻鮭游了過去，小鯊魚還是沒有動，只盯著遠方最後幾條鉤吻鮭，想著如果一次能抓住更多就更好了。

終於，小鯊魚撲了出去，但牠離得太遠，這些魚早已察覺，迅速逃離了。

鯊魚媽媽這才游過去問牠：「剛剛那些魚就在嘴邊，你為什麼不吃？」

小鯊魚委屈地說：「我只是想再等等，也許可以吃到更多啊！」

媽媽搖搖頭說：「孩子，機會不是永遠都會等你。你想要更多，最後卻連原本可以擁有的都沒了。記住，不是你努力不夠，而是你太貪心了。」

故事啟示

機會不是永遠都在等你。太多時候，我們不是因為不夠努力，而是因為總想得到更多，結果連原本屬於自己的也錯過了。真正聰明的人，是懂得在對的時候出手，懂得知足、懂得把握。

那顆痣，成了她的代名詞

愛德華是一位模特兒經紀人。有一次，他在美國伊利諾州遇見一位外型與眾不同的女孩。

她穿著樸素、不化妝、不懂時尚，甚至連時裝雜誌都沒翻過。她的家境普通，夏天還會和朋友一起去玉米田打工，剝玉米換學費。而最顯眼的是 —— 她嘴角有一顆大大的黑痣。

多數人一看到她就搖頭，覺得這樣的女孩哪裡適合當模特兒？愛德華卻一眼看出她的潛力。他認為，她就是與眾不同。於是開始四處推薦她，但屢屢碰壁。理由不外乎一個：那顆痣太礙眼。

愛德華不死心。他做了一張照片，特地把那顆痣藏進陰影裡。結果客戶一看照片立刻點頭說好，約了見面。但一見到本人，馬上說：「請她去除那顆痣。」

雷射手術簡單又不費時，幾乎沒有成本。但這位女孩當場說：「管你的，我不會拿掉它。」

愛德華聽完不但沒有勸她，反而更堅定地說：「妳一定要保留這顆痣。等妳紅了，全世界都會靠它認出妳。」

幾年後，這位來自玉米田的女孩真的紅遍全球，成了時尚圈頂尖超模。那顆被嫌棄的大黑痣，後來被視為性感的象徵，成了她最具代表性的標記。

有媒體甚至誇她有遠見，懂得保留特色。但辛蒂自己回頭看，知道當初若是妥協了，可能只是另一位普通美人。也許現在還站在田裡，繼續為學費剝玉米。

故事啟示

最迷人的，不是完美無瑕的臉，而是願意堅持自己的人。每個人都有與眾不同的地方，而那些不被理解的特色，往往正是妳最獨特的魅力來源。保留本色，才是最自信、最有力量的美。

把握時機，不能等太久

石油大王洛克斐勒的女兒伊麗莎白，從小就對商業特別有興趣，希望有朝一日能在商場上闖出一片天。

有一年，她前往巴黎參加新產品博覽會，準備爭取一項歐洲熱門產品在美國的獨家代理權。她做了充足的市場研究，資料與計畫一應俱全，眼看談判就要成功了。

但就在最後一步，她猶豫了。她希望能多花一點時間考慮細節，結果比預定時間晚了一小時給出答覆。而就在那短短一小時之內，歐洲廠商把代理權給了另一家動作更快的公司。

伊麗莎白懊惱極了，打電話向父親訴說這件事：「爸爸，那家歐洲公司竟然那麼快就拍板，我還以為還有時間好好談一談……」

洛克斐勒在電話那頭聽了，只是輕輕嘆氣說：「孩子，妳已經做得很好了。不過，做生意有一項很常見的致命弱點，就是猶豫不決。當對手快一步，妳多想幾分鐘，有時候整個局面就會翻盤。商場上，快跟對，往往比完美更重要。」

伊麗莎白從這次經驗中學到了一課，她也明白了：能夠快速做出判斷，本身就是一種商業實力。

故事啟示

有些機會錯過了，就再也回不來。猶豫雖然讓人感覺謹慎，但常常讓好機會白白溜走。懂得把握時機、果斷出手，是讓一樁好事成真的關鍵。等待不是錯，但太慢就是敗。

最好的醫術，沒人看見

有一次，魏文王問名醫扁鵲：「你們家三兄弟都懂醫術，那誰的醫術最好？」

扁鵲答：「我們大哥最好，二哥次之，我最差。」

魏文王聽了很意外，追問：「那怎麼會是你最有名呢？」

扁鵲說：「我大哥看診，總在病還沒發作之前就發現並處理掉，病人根本不覺得自己生過病，自然也不覺得他厲害，所以只有我們家人才知道他本事最大。」

「我二哥則是在病剛出現時就著手治療，大多只處理一些小病小痛，鄰里之間知道他醫術不錯，但也就只限於我們村子裡。」

「至於我，是病嚴重了，大家快撐不住時才來找我。我得用針灸、放血、開刀等等方法，動作最大、效果最明顯，大家就以為我醫術最好，名聲也因此傳得最遠。」

魏文王聽完，點頭稱是：「你說得真有道理。」

故事啟示

真正高明的本事，常常不被注意，因為它在問題發生前就已經解決。人們習慣等事情變嚴重才行動，卻忘了，最有效的處理，其實是在事發之前就防堵。會亡羊補牢是能力，但能未雨綢繆，才是智慧。

選擇之後，請記得承擔

看到人類每個國家都有國王，一群青蛙也決定請求上帝賜給牠們一位國王。

上帝覺得這要求很有趣，便隨手將一根大木頭扔進湖裡，說：「這就是你們的國王。」

木頭掉進湖中，激起一陣水花。青蛙們嚇壞了，趕緊潛入水底，躲進泥沙中。過了一會兒，一隻膽子比較大的青蛙游上來，小心地觀察那根浮在水面上的「國王」。

「它好像不動耶，」牠說，「應該是睡著了吧。」

漸漸地，其他青蛙也冒出水面，一隻隻靠近，發現這位國王完全沒有反應。牠們變得越來越放肆，甚至跳到木頭上玩耍，完全忘了當初的緊張。

沒多久，有青蛙開始抱怨：「這樣的國王太無能了吧！什麼都不管，和沒有國王有什麼兩樣？」

於是，牠們再次請求上帝：「能不能換一位更有行動力、更有威嚴的國王？」

這次，上帝派來了一隻白鸛。

青蛙們一開始還對這位高挑的新國王充滿好奇和崇拜，結果還沒開口歡迎，鸛就伸長喙，一口吞下一隻靠太近的青蛙。

「這不是我們想要的！」青蛙們四散逃命，又鑽進水底。

這次，牠們再去請求上帝更換國王，上帝卻搖搖頭說：「這就是你們的選擇。也許你們該學會，做決定前先想清楚，做了決定就要承擔後果。」

故事啟示

每個選擇背後都有代價，不見得換了就是更好。有時我們對原本的決定不滿，想改變卻忘了初衷與現實的限制。學會對自己的選擇負責，不只是一種勇氣，更是成熟的開始。

翅膀本來就不是用來走路的

有一天，鷹媽媽外出覓食時，一隻小鷹不小心從巢中掉了下來。剛好被路過的雞媽媽發現，牠將小鷹帶回去，和自己的一群小雞一起養大。

日子一天天過去，小鷹在雞群中長大了，跟著牠們一起刨土、找蟲，也逐漸以為自己就是一隻雞。牠從來沒想過要抬頭看天空，更不曾懷疑自己與其他小雞有什麼不同。

直到某一天，小鷹在田間覓食時，遇見了空中盤旋的鷹媽媽。鷹媽媽興奮地飛下來，對牠說：「孩子，你怎麼在這裡？快跟我一起飛向天際吧！」

小鷹搖搖頭說：「我不是鷹啊，我是一隻雞，我不會飛，天那麼高，我飛不上去。」

鷹媽媽愣了一下，接著溫柔卻堅定地說：「你不是雞，你是一隻真正的鷹。飛翔，是你本來就會做的事。相信我，我會教你。」

她帶著小鷹來到懸崖邊。小鷹站在邊緣，緊張得發抖，不敢往前。鷹媽媽先飛了一圈，再落回牠身邊：「看著我，張開翅膀，用力拍動。你可以的。」

小鷹猶豫了一下，終於鼓起勇氣，照著鷹媽媽的樣子拍動翅膀。風從牠羽翼下穿過，身體竟真的離地了。牠驚訝極了，接著一點一點地升高，終於飛了起來。

那天，牠第一次看見自己的影子落在雲上。

故事啟示

環境固然影響深遠，但內在的本質終究會尋找出口。如果你生來擁有翅膀，就不該永遠低頭啄食。真正屬於你的天空，可能只差一次相信自己的勇氣。

一句「我來試試」的力量

某天，倫敦一家劇場正在上演歌舞劇，開場不久，主角卻突然失聲，臺下觀眾一陣騷動，紛紛要求退票。劇場老闆急得團團轉，四處找人救場，卻找不到合適人選。

就在大家束手無策時，一個五歲的小男孩走上前來：「老闆，讓我試試看，好嗎？」

老闆望著他充滿自信的眼神，點了點頭。出人意料地，小男孩一上臺就又唱又跳，動作滑稽，表情逗趣，觀眾笑聲不斷，還有人開始往臺上丟硬幣。他邊撿邊唱，越唱越起勁，一連唱了好幾首，全場掌聲不斷。

幾年後，一名丑角馬塞林來兒童劇團演出，需要一名演員扮演貓。因為馬塞林太有名，沒人敢上場，這個小男孩又一次毛遂自薦。沒想到他演得靈活自然，與馬塞林配合得天衣無縫。

這個男孩，就是後來蜚聲國際的幽默大師——查理．卓別林。

故事啟示

許多人渴望表現，卻在機會出現時退縮。勇氣，有時就是一句話的距離。當你願意說出「讓我來試試」，也許成功的門就此為你打開。

牛仔衣的誕生

從小家境清寒的史特勞斯，有個特別的夢想——當一位服裝設計師。母親是縫紉師，家裡經常堆著裁剪後的碎布，而他最開心的事，就是偷拿那些碎布拼拼湊湊，做成各種小衣服。只是這些布其實是要拿來做鞋墊用的，所以經常被父親責備，讓他覺得創作之路充滿限制。

有一天，他靈機一動，把家中涼棚上拆下來的粗布縫成一件衣服。這種布料原本是拿來遮風擋雨的，根本沒人想過可以穿在身上。他穿著這件衣服上街，引來路人的指指點點，甚至連母親都無法理解他的做法。

儘管如此，母親還是希望兒子能朝夢想前進，便鼓勵他去拜訪當時知名的設計師戴維斯。那年，史特勞斯 18 歲，他帶著自己做的「粗布衣」前往戴維斯的設計公司。當他拿出作品，周圍的學徒都笑成一團，但戴維斯卻看見了不一樣的可能，決定留下這個年輕人。

在戴維斯的支持下，史特勞斯設計出更多粗布衣，但卻一直賣不出去，成堆的衣服積在倉庫，連戴維斯也開始懷疑自己的判斷。不過史特勞斯沒有放棄，他相信這種衣服終究會有人欣賞。

他開始把衣服銷往非洲，沒想到受到當地勞工的熱烈歡迎，因為這種布料便宜、耐穿，穿起來實用又不怕髒。接著，他又針對旅行者設計款式，靠著粗獷的風格、自由感與實用性，又贏得了一批支持者。

隨著越來越多人穿上這種衣服，不分年齡、不分場合，它成為一種象徵 —— 不被拘束、不怕磨練的態度。後來，人們給這種布料做的衣服一個名字：牛仔衣。而那兩位名字永遠寫在品牌上的創始人，就是史特勞斯與戴維斯。

故事啟示

有些堅持一開始會被人笑話，有些創意一開始會不被看見。但只要你相信它有價值，就不要輕言放棄。堅持自己的方向，也許會慢一步，但最終才能走出一條真正屬於自己的路。

換個角度看潛力

在某個繁忙的城市裡，傑克是一家知名電子產品公司的一位年輕工程師。他跟隨著公司一路成長，並且在工作中表現出色。他的部門負責研發新型電子設備，每年都會有不少新產品進入市場。然而，傑克總是覺得有一點不對勁。雖然工作效率提升，產品逐步升級，但總是感覺進步的步伐慢了些。

某天，傑克的上司彼得給了他一個新的任務 —— 重新設計現有的生產線，提升產品製造的速度和效率。這個任務看似簡單，卻讓傑克感到有些焦慮。畢竟，之前的生產線已經經過多次改良，現在要提出一個能更進一步改進的方案，似乎很難。

於是，他與團隊開會討論各種可能的方案。大家都有自己的看法，有人認為應該增加更多的機械設備，來提升自動化程度；有些人則認為，應該要增加員工數量，將生產線拆分成更多的小組進行專業化的生產。這些建議聽起來似乎很有道理，但傑克始終覺得不對勁，無法下定決心。

有一天，傑克在辦公室中整理資料時，無意間看到了公司庫房裡的一堆廢棄的舊設備。這些設備大多都已經過時，但卻並沒有完全壞掉。這些設備，從另一個角度來看，其實還能夠發揮出潛力。

傑克突然靈光一閃，走到他的經理彼得的辦公室。彼得正在看文件，傑克敲了敲門，走了進去。

「彼得，我有個新的想法。」傑克迫不及待地說。

彼得抬起頭來，看著他。

「我想，我們可以重新利用我們這些廢棄的設備。這些設備其實還能夠發揮出不小的潛力，只要我們換個角度來看待它們，重新配置和組合，我相信可以達到我們想要的效果。」傑克語氣中帶著一絲興奮。

彼得聽後陷入沉思。幾分鐘後，他點了點頭。「這個思路有意思。我們不妨試試看。」

於是，傑克和他的團隊開始進行新的改造方案。他們並不急於一味地尋求更先進、更昂貴的技術，而是根據現有的設備來設計創新的生產模式。這次，他們的重點不在於加快速度，而是在於如何讓設備和員工的潛力發揮得更完全，並且達到最佳的合作效果。

幾個月後，改造方案成功了，生產線的運作效率大幅提升，產品品質也得到了顯著改善。最重要的是，員工的工作積極性和滿意度提高了，整個團隊的合作變得更加流暢，且成本比原來低了不少。

故事啟示

真正的限制，往往不是能力不夠，而是我們沒有意識到自己還有潛力沒被使用。當你覺得現狀「已經可以」的時候，也許只是你還沒學會換個角度看自己能做到的事。

愛與選擇

有一天，一位年輕人問他的導師：「什麼是愛？」導師沒有直接回答，而是帶他來到一片金黃色的麥田，說：「你沿著田埂走過去，挑一棵你認為最大、最漂亮的麥穗摘下來，不過只能摘一次，不能回頭。」

年輕人照做了。他一邊走一邊觀察，不斷猶豫。看到不錯的麥穗時，他又擔心前方會不會有更好的，遲遲沒有下手。最後走出麥田時，他兩手空空。

導師看著他說：「這就是愛。有些人，在追求心中理想的對象時，總怕錯過更好的選擇，結果一路猶豫不決，最後什麼也沒有留下。」

過了一段時間，年輕人又問導師：「那麼，什麼是婚姻？」導師帶他到一片樹林，請他挑一棵適合當作聖誕樹的樹帶回去，條件和上次一樣：只能砍一棵，不能回頭。

這一次，年輕人砍了一棵中等大小、看起來也還不錯的樹回來。他對導師說：「這次我不想再兩手空空，所以當我看到一棵還可以的樹時，就決定先帶回來，至少這是我自己選擇的。」

導師微笑著點頭說：「這就是婚姻。不是最完美的那一棵，而是你願意為它停下腳步、一起走下去的那一棵。」

故事啟示

人生不能回頭，真正屬於你的選擇，從來都不一定是最華麗或最優秀的那一個，而是你在當下決定不再錯過、願意一起走下去的那一個。不必總是尋找最好，只要懂得珍惜你最終選擇的，就已經足夠。

左耳的老繭

在美國，有一位知名的勵志演說家叫萊斯．布朗。他不是含著金湯匙出生的幸運兒，反而一出世就被父母遺棄。童年時，他被學校評定為「可接受教育的智能障礙學生」，幾乎沒有人相信他能有出頭天。

中學時，他遇到了一位特別的老師。那位老師對他說了一句話，徹底改變了他的一生：「不要因為別人說你不行，你就真的認為自己不行。」

從那時起，布朗下定決心，要用自己的聲音去鼓勵那些和他一樣曾經被忽視、被輕視的人。他參加演講會，希望能透過演說，點燃別人心中那盞渴望改變的燈。

但問題來了，他既沒有特別的口才，也沒有舞臺經驗，更沒有任何背景。他想到的方法很簡單，也很土法煉鋼，就是不斷地打電話。一天，他打超過一百通，挨家挨戶請求給他一次演講的機會。

久而久之，他的左耳竟被電話話筒磨出了一塊厚厚的老繭。他不怕被拒絕，也不怕被掛電話，因為他知道，只要堅持下去，總會有人聽見他的聲音。

後來，他真的成功了。他成了美國最受歡迎的勵志演說家之一，一場演講的酬勞高達兩萬美元。他獲得了名聲、掌聲與榮耀，還有實實在在的收入。

布朗笑著摸著自己左耳的老繭說：「這塊老繭，至少值幾百萬美元吧。」

故事啟示

每個人身上或多或少都有不完美之處，重要的是能不能接受自己的缺口，並願意為此付出努力。那些看似微不足道的堅持，也許會在某一天，變成你最寶貴的資產。

花田裡的黃金

在塞文河畔，有人意外發現了金礦的消息，立刻在各地傳開，引來大批懷抱發財夢的淘金者。他們日夜不休地在河床掘地三尺，深怕錯過一絲一毫的金子。有人如願以償，也有人空手而返，落寞離去。

但也有些人，明明已經一無所獲，卻仍不願放棄，彼得·弗雷特就是其中之一。他在河床邊買下一塊被人嫌棄的土地，決定再試一次。

彼得把所有積蓄都投進這片地，滿懷希望地一鍬一鍬挖著。他耗費好幾個月，幾乎翻遍了整塊地，卻連一丁點金光都沒見著。

半年過去，他的錢也幾乎花光，連買麵包都成了問題。他無奈地決定離開，準備隔天一早動身。

沒想到，那天夜裡開始下起了連續三天的大雨。雨停後，他走出屋外，眼前的景象讓他愣住了：原本坑坑疤疤的土地被大雨沖刷得平整柔軟，地面還冒出了一層翠綠的嫩草。

他忽然靈機一動：「這裡雖沒金子，但這片土地看起來極為肥沃。與其四處奔波，不如留在這裡種花，再拿去鎮上賣給那些講究生活品質的有錢人。」

彼得下定決心，不走了。他開始學習栽種花卉，花了不少心力改良土壤、培育花苗。一段時間後，他的花田漸漸綻放出一片繽紛。當他把花送到鎮上販售，馬上就受到熱烈歡迎。

「這些花好漂亮啊，我從沒見過這麼鮮豔動人的花！」富人們毫不吝嗇地掏錢，把彼得的花買回家裝飾廳堂，為生活增添幾分詩意。

五年過後，彼得真的成為了富翁。他常對人說：「我是這片土地上唯一真正找到金子的人，雖然它不是黃金，而是靠雙手辛勤種出來的收穫。這塊土地裡的黃金，只有用勞動與堅持才能挖掘出來。」

故事啟示

有些人等著金子從天而降，有些人卻用汗水開創出屬於自己的富饒花田。努力不會白費，堅持不會落空。踏實付出的人，腳下踩的每一寸土地，都能開出通往幸福的花朵。

別急著做決定

16 歲那年暑假快到時，辛普森對爸爸說：「爸爸，我不想整個夏天都向你伸手要零用錢，我想找份打工的機會。」

他在報紙上翻了又翻，終於找到一個和自己專長很契合的職缺。廣告上寫著，有意者請在隔天早上八點準時到達指定地點。

第二天，他提早出門，卻發現已經有二十個人排在他前面。他是第二十一位。

要怎麼在這麼多人中脫穎而出？辛普森靈機一動，拿出一張紙條，寫上幾個字，再小心翼翼地折好，走向接待的祕書小姐，恭敬地說：「小姐，請您現在就把這張紙條交給你們老闆，這件事真的非常重要！」

祕書小姐是位資深員工。若是其他人，她也許會一口回絕：「年輕人，乖乖排隊去吧！」但她從辛普森的眼神裡看見了一股不同於其他人的自信與靈巧。

她接過紙條，打開來一看，嘴角立刻揚起：「這孩子真有意思！」說完，她轉身走進老闆的辦公室。

幾秒後，裡頭傳來一陣爽朗的笑聲，因為紙條上寫著的是：

「先生，我排在第 21 位，在您見到我之前，請先別做決定。」

結果，辛普森順利地拿下這份工作，成為那個暑假最早上工的新進員工。

故事啟示

當條件不利時，不代表你就沒機會。有時，成功只差一點點勇氣，加上一點點巧思。你能不能被看見，常常取決於你願不願意走出隊伍，讓人先記住你。

找到適合自己的鞋

在布拉格一戶貧窮的猶太人家庭裡，住著一個非常內向、膽小的男孩。他缺乏自信，容易多愁善感，總覺得身邊的環境對他充滿威脅與壓力。害怕被傷害的念頭，早已深植在他心中，讓他活得小心翼翼、如履薄冰。

他的父親希望他成為一個堅強果斷、陽剛勇敢的男子漢，因此對他非常嚴格，甚至有些粗暴。然而這樣的「訓練」，不但沒讓他變堅強，反而讓他變得更加退縮，對自己也更加失望，漸漸地，他甚至覺得生活中每件小事都是災難。為了避免受傷，他學會了察言觀色，也學會了默默躲起來獨自承受痛苦。他的樣子，看起來一點也不起眼，甚至說得上沒出息。

誰也沒想到，這個看似毫無前途的男孩，長大後卻成為了20世紀最重要的文學家之一。他就是奧地利的法蘭茲．卡夫卡。

卡夫卡之所以成功，是因為他沒有勉強自己去扮演不適合的角色，而是找到了最適合自己的一條路。他將自己敏感、多愁善感、脆弱的性格全都投注在文字之中，在文學這個屬於他自己的世界裡，他的性格不再是缺點，反而成了他創作的養分。他用筆記錄內心深處的困惑與壓抑，把現代人面對的荒謬、孤獨、恐懼寫得深刻又震撼。他也因此開創出獨樹一格的「意識流」寫作風格，留下了《變形記》、《城堡》、《審判》等經典作品，深深影響了整個文壇。

故事啟示

人的性格天生各異，無需強求與他人一致。就像鞋子一樣，每個人的腳尺寸不同，勉強穿上不合腳的鞋，只會讓自己受苦。了解自己、接納自己，找到適合自己的舞臺，那才是真正通往成功的道路。不要削足適履，也不要否定原本的你。成功，從來都不只一種模樣。

竭盡全力的小男孩

戴爾．泰勒是美國西雅圖一間知名教堂裡備受敬重的牧師。

有一天，泰勒牧師在教會附設的學校對學生們宣布：「如果有人能夠完整背出《聖經．馬太福音》第五章到第七章，我就請他到西雅圖最有名的太空針塔餐廳吃大餐。」

太空針塔可是當地的地標，不少孩子做夢都想去那裡用餐。不過，這份「獎勵」並不好拿。《聖經．馬太福音》從第五章到第七章內容相當長，不但沒押韻，而且用詞文雅，要完整背下來實在不容易。

沒想到，沒過多久，就有一位 11 歲的男孩主動來找泰勒牧師。他坐下來，一字不漏地從頭背到尾，語氣還相當有感情，彷彿不是在背誦，而是在朗讀一段非常熟悉、感動他的文字。

牧師看著眼前這個年紀不大的孩子，驚訝得合不攏嘴。他以前也聽過有信徒能背誦這段經文，但從沒想過，竟然會是一個小學生完成這麼艱難的挑戰。他忍不住問男孩：「你是怎麼做到的？」男孩毫不猶豫地回答：「我就是竭盡全力。」

多年之後，這個小男孩長大成人，創立了一間大型科技公司。

故事啟示

在這個世界上，沒有什麼是真正做不到的，只有願不願意為它全力以赴。當我們願意投注百分之百的努力，做到「竭盡全力」，我們就離成功不遠了。很多時候，差別只在於——你願意拚到什麼程度。

狼王斷腿求勝

美國野生動物保育協會的研究員丹尼斯，為了深入了解狼的生態，走遍了世界各地，親眼見過許多關於狼的驚險故事。其中一幕，發生在非洲草原上，至今仍讓他難以忘懷。

那年，非洲草原正逢大旱季，缺水缺糧，不少動物因此死去，狼與鬣狗也在這場天災中掙扎求生。

平時，狼群狩獵時由狼王統一指揮，行動有紀律；鬣狗則是成群亂竄，仗著人多勢眾，時常從其他猛獸口中搶食物。狼與鬣狗雖同屬犬科，有時能和平共處、甚至協同獵食，但在資源極度匱乏的時候，彼此也會變成敵人。

那天，丹尼斯目睹了一場激烈的爭奪戰。幾隻狼與一群鬣狗同時盯上獅子吃剩的一頭野牛。很快，雙方爆發衝突。儘管狼群奮力抵抗，仍敵不過鬣狗的數量優勢，許多狼被咬死，而鬣狗也傷亡慘重。

最後，只剩下一隻獨自迎戰的狼王與五隻鬣狗對峙。狼王已負傷，一條後腿被咬得皮開肉綻，拖在地上，顯然無法支撐牠再次衝鋒。

就在鬣狗逐步逼近時，狼王突然轉頭，一口咬斷了自己的傷腿，瞬間卸下了牠最大的包袱。下一秒，牠奮力撲向最前面的鬣狗，以迅雷不及掩耳的速度咬住對方的喉嚨，當場將牠撂倒。

剩下的四隻鬣狗全被這突如其來的狠勁嚇傻了，沒有人敢再上前一步。牠們最終放棄進攻，拖著疲憊的身體默默離開。而丹尼斯則在草叢中屏住呼吸，心跳如雷，他知道自己剛剛目睹了一場真正的生死決鬥。

狼王贏了，用牠果斷的犧牲，換來了生存的尊嚴。

故事啟示

人生中，常常會有一些「拖後腿」的負擔，讓我們在關鍵時刻猶豫不決、無法全力以赴。真正有智慧與決斷力的人，懂得在關鍵時刻果斷捨棄，把握住更重要的目標。該放下的，放下了，才有可能走得更遠。

用魚骨雕刻

在一個古老的國家裡，有兩位技藝高超的木匠，兩人的雕刻功夫都非常出色，難分高下。

有一天，國王心血來潮，決定舉辦一場比賽來一較高下。他說：「我們就來比賽刻老鼠吧！限時三天，誰刻得最像，誰就是全國第一的木匠，不但有獎品，還能獲得王室封號。」

於是，兩位木匠各自閉門苦幹，三天三夜不眠不休地投入創作。

比賽當天，他們將完成的作品呈交給國王。國王召集所有大臣，一起擔任評審。

第一位木匠的老鼠雕刻得非常細緻，幾可亂真，連老鼠鬍鬚都彷彿會微微顫動。第二位木匠的作品則遠看像隻老鼠，近看卻略顯模糊，只有個神韻，談不上細節。

眾人一致認為第一位木匠勝出，國王也準備當場頒獎。

正當此時，第二位木匠站出來提出異議：「大王，您這樣評比並不公平。人認為像的，不代表真正像老鼠。真正能辨別老鼠的，應該是貓呀！」

國王一聽，覺得頗有道理，於是下令從後宮帶來幾隻貓，要讓牠們「評審」哪一隻老鼠更逼真。

沒想到，貓一被放出來，竟全都撲向那隻「不像」的老鼠，啃咬不止，爭相搶食。而另一隻雕工細膩、形神兼備的老鼠，卻被完全冷落。

眾目睽睽之下，國王只好改口，將「全國第一木匠」的榮耀頒給第二位木匠。

事後，國王私下問他：「你到底用了什麼方法，讓貓誤以為那真的是老鼠？」

木匠笑著回答：「其實很簡單，我是用魚骨雕的。貓才不管像不像，牠們要的是味道啊！」

故事啟示

人生的競技場上，光有技術還不夠，真正能脫穎而出的，是那些懂得人性、通曉局勢、善用智慧的人。比起表面的完美，有時能「投其所好」，反而更能打動人心、贏得勝利。真正的大智慧，從來不是死板的完美，而是靈活的應變與洞察人性。

探尋真理從懷疑開始

一位教育心理學專家，曾經對法國和臺灣的小學生進行過一項有趣的測試。他出了這樣一道題目：一艘船上載有 86 頭牛和 34 隻羊，請問這艘船的船長幾歲？

法國的小學生當中，有超過九成的學生當場提出質疑，認為這題根本無法作答，甚至有人質疑老師是不是弄錯了題目。事實上，他們的回答是正確的，這是一道故意設計的不合理題，目的就是測試學生是否具備質疑與思辨的能力。

而在臺灣，結果卻剛好相反。將近八成的學生紛紛拿起筆，算出 86 減 34 等於 52，然後非常認真地寫下「52 歲」作為答案。只有大約一成的學生指出這是一道無法作答的題目，也就是說，只有這一成的學生具備獨立思考與懷疑精神。

這位法國專家感到十分震驚。他進一步訪談這些臺灣學生，發現他們普遍有一種信念：「老師出的題目一定有標準答案，一定能算出來；如果不寫，就拿不到分數。」

專家感慨地說：「我們的教育應該教導孩子尊重老師，但更要教他們尊重真理。懷疑不是缺點，只有無止盡的懷疑才會變成問題。願意懷疑，是拒絕盲從的開始。真理，往往就藏在懷疑的背後。」

故事啟示

探索真理，往往從質疑既有觀念開始。然而在現實生活中，許多人習慣盲從權威或專家，只因這樣比較安全、不容易出錯。但盲從只會讓人離真理越來越遠。只有保有懷疑的精神，才有機會真正靠近事實的核心。

真正的解答來自自己

上帝來到人間，遇見一位正在鑽研人生問題的智者。上帝輕敲門，走進智者眼前，說：「我最近也對人生感到困惑，可以一起討論看看嗎？」

智者畢竟是智者，雖然沒認出眼前這位老者就是上帝，但也察覺他絕對不平凡。正想開口詢問對方身分時，老者卻說：「我們只談人生的問題，談完我就會離開，其他的事就別問了。」

智者說：「我越是研究，就越覺得人類是一種很矛盾的生物。有時候理性十足，有時候卻完全不講理，尤其在重大選擇上，常常偏離理智。」

上帝點點頭，語氣充滿感慨地說：「我也有一樣的想法。他們總是急著長大，等長大後又渴望回到童年；他們擁有健康的時候不懂得珍惜，等健康沒了才花大錢想要買回來；他們擔心未來，卻忽略了現在，結果現在沒活好，未來也抓不住；他們活著時以為自己不會死，死了以後才發現，好像也沒真正活過。」

智者聽了之後若有所思，問道：「研究人生很耗時間，那您又是怎麼運用時間的？」

上帝說：「我的時間是永恆的。不過我可以告訴你，一個人如果能真正理解時間，也就會理解人生。因為時間裡藏著機會、規律、生與死、經驗與智慧等等，都是人生最重要的資產。」

智者靜靜地聆聽，接著請求上帝能給他一些對人生的忠告。

上帝從袖中拿出一本厚重的書，打開後只有短短幾行字：

人啊，你應該知道，無法討好所有人。

重要的不是你擁有什麼，而是你成為什麼樣的人、擁有什麼樣的朋友。

富有，不在於擁有最多，而是渴望最少。在所愛的人心上造成傷害，可能只要幾秒鐘，但修復卻可能要一輩子。

有人深深地愛著你，卻不知道該怎麼表達。

金錢買不到幸福，而幸福卻是最寶貴的。

學會原諒別人，也要學會原諒自己。

你所愛的可能是一朵玫瑰，不需要拔掉它的刺，只要學會不被刺傷，也不要刺傷對方。

更重要的是，很多事一旦錯過了，就真的沒有了。

智者讀完後，深受感動地說：「只有上帝，才會寫出這種話……」他抬頭一看，老者早已不見蹤影，只聽見耳邊傳來一句話：

「對每一個生命來說，最重要的是，只有你自己，才是你自己的上帝。」

故事啟示

人生中，我們常常感到困惑，做錯選擇、走了彎路，就會渴望有個「上帝」來幫我們指點迷津。但事實上，所有的問題都出自自己，也只有自己能夠解決。別再一味地把希望寄託在外人身上，因為真正能引導你走過人生風浪的，不是別人，而是你自己。

別為麵包祈禱，動手去做

小克萊門斯剛上學時，學校裡有一位虔誠的基督徒老師——霍爾太太。她每天上課前都會帶著全班小朋友一起進行祈禱，並教導他們只要誠心祈禱，就能獲得一切所求。

有一天，當老師講到「祈禱就能獲得一切」時，小克萊門斯忍不住舉手發問：「老師，如果我真的向上帝祈禱，祂會給我想要的東西嗎？」老師回答他：「當然會，只要你真心祈禱。」

小克萊門斯最想要的是一塊又大又香的麵包。他每天都看著坐在他旁邊的金髮小女孩從便當盒裡拿出麵包來吃，香味撲鼻，讓他羨慕不已。雖然小女孩曾好心地問他要不要分一口，他總是搖搖頭，但心裡卻一直渴望有朝一日，自己也能帶著這樣的麵包來學校。

那天放學後，他信心滿滿地跟小女孩說：「明天我也會有一塊大麵包。」一回家，他馬上把自己關進房裡，虔誠地向上帝祈禱，希望隔天早上書包裡就會出現那塊夢想中的麵包。

然而，隔天清晨，他翻遍整個書包，卻只有一本舊課本，沒有麵包。於是，他告訴自己要再堅持祈禱，繼續等上帝實現願望。

整整一個月過去了，書包裡依然沒有出現任何麵包。那天，小女孩問他：「你的麵包呢？」小克萊門斯低下頭說：「也許上帝太忙了，沒看到我每天晚上有多麼虔誠。」

小女孩卻笑著說：「原來你是為了麵包才祈禱？可是一塊麵包只要幾個硬幣就能買到了呀！你為什麼不去想辦法賺錢買一塊，反而花這麼多時間去祈禱呢？」

這句話像閃電一樣劈中了他。他突然明白，等待不會讓麵包從天而降，只有自己動手、實際去努力，才有可能得到想要的東西。

從那天起，小克萊門斯決定不再為麵包祈禱。他開始對生活產生真正的信心，也對未來充滿希望。他告訴自己：「我不會再為了一件小小的東西一直等待，我要靠自己。」

多年後，他成為了家喻戶曉的作家，用筆名馬克·吐溫寫下許多膾炙人口的作品。他的成功不是來自祈禱，而是來自當年那份「不再等麵包」的決心。

故事啟示

有些願望看似渺小，卻能改變一個人的一生。等待與祈求或許可以給人安慰，但唯有真實的行動，才能讓夢想逐漸成真。如果你現在也在祈禱不屬於自己的麵包，也許該放下雙手，開始動手。

煤油滴出來的奇蹟

喬利．貝朗出生在巴黎一個貧困家庭，十三歲時就獨自出外打工。由於年紀太小，又沒有技術，四處碰壁，最後終於被一戶貴族家庭收留，擔任廚房小工。

喬利每天要做的工作從清理雞魚、打掃廁所、拖地板到洗碗、端水，樣樣包辦，工時長達十二個小時以上，薪水卻少得可憐。即使如此，他仍舊心存感激，因為這筆錢可以養活他的母親和弟妹。

有一天深夜，一位貴婦忽然敲門，要他立刻燙好一件衣服，準備隔天出門赴約。喬利睏得睜不開眼，在倉促中不小心打翻了煤油燈，燈油滴到了那件昂貴的衣服上。他嚇壞了，因為那件衣服的價值恐怕是他一年薪資都賠不起的。

貴婦氣得當場要求他「免費打工一年」來抵償。他無話可說，只能低頭接受。

衣服被他收下掛在窗邊，成了他每日的警惕。某天，他忽然發現：被煤油潑到的那一塊，不但沒有變髒，反而變得乾淨了。這個發現讓他大為震驚，也激起他心中的好奇。

接下來的日子裡，他反覆試驗各種比例與材料，嘗試加入不同的化學成分。最後，他終於調製出一種既能去除髒污，又不傷衣物的配方。

等到合約結束，他帶著自製的洗劑離開貴族家庭，自己租了個小店面，開了一家專門替人清洗衣物的店。他沒有用傳統水洗，而是用這種特殊的洗劑幫客人「乾洗」。

沒想到，他的店迅速走紅。由於乾洗效果佳、費用合理，不但一般家庭願意嘗試，就連劇院、旅館與政商名流也慕名而來。他的發明改變了整個洗衣產業，更成就了他自己。

多年後，人們把喬利．貝朗稱作「乾洗之父」。從那場意外開始，他靠著觀察、實驗與不放棄的精神，開創出一個全新的產業。

故事啟示

看似最倒楣的時刻，也許正藏著機會。就像一滴煤油，若只是擦掉它，也就什麼都沒發生；但若我們願意停下來思考、觀察、嘗試，那麼它可能就是一顆埋在土裡的種子，等待我們灌溉，開出意想不到的花朵。

別人的生活不一定適合你

有兩隻老虎，一隻住在籠子裡，另一隻生活在野地裡。

籠子裡的老虎三餐定時，不必為溫飽奔波；野地裡的老虎則可以恣意奔跑，自由自在。儘管生活方式不同，牠們卻經常隔著鐵欄親切交談。

籠中虎常常羨慕野地虎的自由，野地虎則憧憬籠中虎的穩定與安逸。

「我們換一換生活吧！」

有一天，籠中虎說：「我們換一換生活，好不好？」

野地虎點點頭，同意了。於是，籠中虎踏出鐵欄，奔向牠渴望已久的大自然；而野地虎則走進牢籠，迎向一個牠未曾體驗的生活。

剛開始，兩隻老虎都很快樂。籠中虎享受著奔跑的快感，野地虎則放下心中對飢餓的恐懼，安心吃著每天準備好的食物。

然而，好景不常。

不久之後，從籠子裡出來的老虎因為不懂得捕獵，最終在野外活活餓死；而走進籠子的老虎雖然吃得飽，但長期被困在狹小的空間裡，失去了自由的意志與天性，最後也因憂鬱而死。

牠們都曾試圖追求自己所沒有的，卻忽略了那不是為自己準備的道路。

故事啟示

許多時候，我們常常對自己的處境感到不滿，看著別人的生活充滿嚮往。但真正屬於你的，不是別人的風景，而是你現在腳下的土地。別人的安逸不一定能給你幸福，別人的自由也未必適合你承擔。真正的智慧，不是羨慕別人的生活，而是活出自己的精彩。

第六章
風雨後的彩虹，見證堅持的力量

別害怕風雨的來臨，因為那正是人生旅途中最真實的洗禮。唯有堅持走過，才能見到屬於自己那道獨一無二的彩虹。

歷經風雨，方能見彩虹

有一位名叫安德魯的年輕人，從小便懷抱著成為畫家的夢想。由於家境並不富裕，他只能在課餘時間自學畫畫，並賣些小作品來維持生活。即使如此，他依然堅持自己的夢想，無論多麼艱難，都不放棄。

有一天，安德魯帶著他創作的畫作來到藝術學院，他希望能夠獲得學院的認可和支持。可是，學院的負責人看過他的畫作後，冷冷地告訴他：「你這些作品不符合我們的要求，沒有足夠的藝術價值，這條路對你來說恐怕不容易走下去。」

他感到非常沮喪，但依然沒有放棄。回到家後，安德魯依舊每天都畫畫，並且舉辦了多場自己的畫展，儘管很多時候沒人來觀展，他也依舊堅持下去。

日復一日，年復一年，安德魯的作品逐漸被更多人注意到，甚至一些大城市的藝術經紀人開始對他產生興趣。最終，他的畫作被一家大型畫廊展出，並得到了廣泛的好評。安德魯不僅實現了自己的夢想，還成為了一位知名畫家。

故事啟示

唯有歷經波折、挺過艱辛，夢想的光芒才會如彩虹般在生命中綻放。只要你不放棄，烏雲遮不住的，終究是那輪太陽。

轉念之間的奇蹟

在一個寒冷的冬天，名叫艾力克斯的年輕人遇到了極大的挫折。他原本是一家小型設計公司的創始人，因為努力工作，他的公司逐步發展壯大，甚至有了一些知名客戶。然而，隨著市場競爭的激烈和科技變革的快速發展，公司逐漸走入了困境。艾力克斯為了救公司，投入了自己所有的積蓄，但最終還是無法避免公司倒閉的命運。

失業後，艾力克斯深感沮喪，幾乎放棄了所有的希望。他無家可歸，親朋好友也無法幫助他，生活變得非常艱難。有一天，他在公園的長椅上沉思，思緒萬千，感覺整個世界都在對他關上了大門。

在那時，他決定遠離這個城市，去展開一段全新的生活。艾力克斯選擇了沿著海岸線走，他希望透過一場長途旅行來重新尋找人生的方向。在他離開城市的路上，艾力克斯不禁感到心情沉重，覺得自己走到了人生的盡頭。

幾天後，他來到了海邊的一個小村落。當他坐在沙灘上，感受著微涼的海風時，他看到了不遠處有幾個孩子在玩耍，其中一個孩子不小心把球踢進了海裡。艾力克斯走過去，心裡默默想，自己也許可以幫助這個孩子找回球。於是，他脫下鞋子，開始走向海中。

就在他接近海水時，一個老婦人走了過來，看著艾力克斯，笑著說：「年輕人，這海水有點冷，你確定要進去嗎？」

艾力克斯微笑著回答：「只想做點小事，幫幫忙。」說完，他伸手將球撿起來，遞給了那個孩子。

孩子感激地說：「謝謝你！」

老婦人看著他，語氣帶著一絲意味深長的微笑：「有時候，幫助他人，才會幫助自己。」

艾力克斯聽了這句話，愣了一下。心中一陣釋然，他覺得這不僅僅是幫助一個孩子拿回球，而是一種新的啟發。那一刻，他感受到一種久違的輕鬆，彷彿自己不再背負沉重的包袱。

接下來的幾天，艾力克斯開始在村裡做起了志工，他幫助村民修繕房屋，協助開辦小型活動，漸漸地，他不僅得到了村民的尊敬，也找到了新的生活意義。這些經歷讓他重新認識了自己，並發現自己有能力創造更多的價值。

幾個月後，艾力克斯開始與村裡的青年一起創辦了一家小型設計公司，致力於為當地的商店提供網站設計和市場行銷服務。這家公司雖然規模不大，但卻讓他重新找回了生活的信心。

最終，這家小公司在艾力克斯的領導下逐步壯大，吸引了更多的客戶。艾力克斯回首過去，發現那個讓他覺得一切都失敗的時刻，竟然成為了他人生的轉折點。正是那一次的低谷，讓他學會了如何用不同的眼光看待生活，也讓他更有勇氣去面對未來的挑戰。

故事啟示

人生的境遇常常在一念之間。眼前看似不幸的事，也許正是幸運的轉機。失去未必是終點，也可能是另一段美好旅程的起點。當我們感到萬念俱灰時，不妨再多等一會，說不定下一刻就會看見希望的船影逐漸靠岸。

磨難中的選擇

在深山裡，有兩塊石頭靜靜地相依為伴。某天，第一塊石頭語重心長地對第二塊石頭說：「離開這裡吧，去經歷那漫長的路途與無數的顛簸與撞擊，如此一來，這一生才不會白來人世一遭。」

第二塊石頭卻不以為然地回應：「何必這麼辛苦？我寧可安穩地待在高處，遠望山巒疊翠，身邊花草環繞，清風徐來，何樂而不為？誰會那麼愚蠢，在享樂與磨難之間選擇後者？更別說那些風霜雨打，說不定還會讓我粉身碎骨呢！」

於是，第一塊石頭不再多說，隨著山溪滾落而下，歷經大自然的洗禮與時間的磨練，它咬緊牙關堅持向前，不曾回頭。

第二塊石頭則繼續待在原地，享受著悠閒的日子，對於夥伴的選擇，還時不時地投以嘲笑的目光，自認做了最聰明的決定。

多年過去，第一塊石頭歷經千錘百鍊後，竟成了一件被眾人讚嘆不已的藝術珍品，受人景仰與收藏。這消息傳到山上的第二塊石頭耳裡，它不禁感到悔意湧上心頭。它也渴望像夥伴一樣獲得榮耀與尊崇，想要下山去接受命運的鍛鍊。

但每當想到那一路上的撞擊與創傷，還有可能因此而碎裂，它又遲疑了，最終仍舊選擇留在原地。

直到有一天，為了保存那塊珍品石頭，人們決定替它建造一座氣派非凡的博物館。建築所需的材料，全由石頭構成。

於是，人們登上高山，將那塊安逸一生的石頭敲碎搬下，用來鋪地築牆。那塊未曾歷練的石頭，最終成了展示他人榮耀的基礎。

故事啟示

人生最大的陷阱，往往是舒適與安逸。沉溺其中的人，會逐漸失去鬥志，而願意離開安樂窩、勇於承擔風險的人，才能創造出屬於自己的一片天地。來到這個世界，若只求無波無瀾，那麼一生便只是虛度。唯有經歷挫折與考驗，才能成為真正獨一無二的存在。

毛毛蟲的飛越

在一次聚會中，有位朋友出了一道腦筋急轉彎的題目：「河的對岸百花齊放，四季如春，宛如人間仙境。如今，一隻毛毛蟲想要到對岸生活，可是一條寬闊的大河阻擋了去路，橋又遠在他方，那麼毛毛蟲該怎麼辦呢？」

聽到這題，朋友們紛紛各抒己見。一位剛出社會的女孩說：「牠可以游過去！」另一位當編輯的朋友則說：「坐船過河啊！」

做生意的朋友說：「不如讓牠藏在別人身上過去！」還有位律師朋友沉思良久後答道：「從地圖上爬過去！」

答案五花八門，還有人說等河乾了再過、躲在葉子上漂過去、花錢請人帶牠過去……這些答案都充滿創意。

然而，在這麼多答案中，有一個最讓人讚賞的回答是：「變成蝴蝶，飛過去。」

這個答案令人眼睛一亮。從一顆小小的卵開始，毛毛蟲經歷無數次的蛻變，經歷風雨與寒暑，最終在春暖花開的日子化身為一隻美麗的蝴蝶，帶著翅膀與夢想，飛越那條遙不可及的大河，抵達屬於牠的理想彼岸。

故事啟示

人生的苦難往往是一張嚴苛的考卷，但也可能是命運偷偷交到我們手中的成功鑰匙。那些看似難以跨越的河流，或許並不需要橋梁或別人的協助，我們只需要堅定信念，持續努力，等待那一刻的蛻變。只有經歷過磨難的人，才更懂得珍惜幸福的可貴。

吃苦當修行

唐朝時的宰相裴休，是位虔誠的佛教信徒。他的兒子裴文德天資聰穎、學問淵博，年紀輕輕便高中狀元，還被皇帝欽點進入翰林院，成為朝廷重臣。這樣的榮耀可謂前程似錦，人人稱羨。

但裴休卻深知，兒子從小生活優渥，未經世事磨練，若一飛沖天，難免根基不穩，將來恐遭波折。他決定將裴文德送往寺院修行，一方面沉澱心性，另一方面也讓他感受人間辛勞。他特別叮囑寺中長老，讓裴文德從最辛苦的水頭與火頭做起。

於是，昔日翰林，成了寺裡挑水砍柴的行者。對於從未勞動過的裴文德來說，每日肩挑手扛，讓他疲憊不堪，心中滿是怨氣。雖然不敢違逆父命，但總難掩內心的不滿，經常暗地發牢騷。

某日，他好不容易將水缸挑滿，渾身大汗、氣喘吁吁，心中不禁發苦，便吟道：「翰林擔水汗淋腰，和尚吃了怎能消？」

語中雖帶才思，但分明藏著不甘。

這時，恰好寺中住持無德禪師經過，聽見裴文德的詩句，不怒反笑，淡淡回了一句：「僧燃一炷香，能消萬劫糧。」

這句偈語如當頭棒喝，瞬間讓裴文德驚醒。自己的詩雖巧妙玩了「翰林」與「汗淋」的諧音，但在禪師一句話面前，顯得淺薄狹隘。原來，僧人燒香念佛，所修所消，非僅是眼前飲食之需，而是心中千千萬萬的執念與煩惱。

從那天起，裴文德收起了心中傲氣，安下心來勞動修行。他開始懂得吃苦的意義，也真正體悟到什麼是修身養性。

故事啟示

真正的聰明人懂得苦中有甘，苦中有得。吃苦並不是苦，而是生命成長的土壤，是磨練才能、堅韌意志的必經之路。若只貪圖安逸，終將空耗人生；若能甘於吃苦，人生才會開出燦爛的花朵。願我們都能在吃苦中修練、在修練中成長，最終收穫一顆自在喜樂的心。

運動員的堅持

威瑪從小便是一個不畏困難的女孩。她出生在一個貧困的家庭，當她還是個嬰兒時，因為感染小兒麻痺，導致雙腿無法像其他孩子一樣自由活動。這個疾病讓她的父母和醫生都對她的未來感到擔憂，但威瑪卻始終不屈不撓。她的母親經常告訴她：「無論怎樣，永遠不要放棄，努力就會有回報。」

隨著年齡的增長，威瑪開始學會走路。每當她跌倒時，母親總是對她說：「妳可以的，別怕，再爬起來。」她花了很多年才成功地脫離了拐杖，這樣的努力讓她比其他孩子多了許多不為人知的堅持和毅力。

有一天，在她參加一場學校的田徑比賽時，威瑪的班級隊友和老師並不看好她。他們認為她不可能在這樣的比賽中脫穎而出。但威瑪依然選擇站在起跑線上，微笑著對自己說：「這是我改變命運的時刻。」比賽開始的瞬間，威瑪以驚人的速度超越了其他選手，成功奪得第一名。

當她回到家中，母親看著她滿身汗水的模樣，微笑著說：「我就知道，妳能做到。」這場比賽對威瑪來說，是一次巨大的激勵，也讓她更加堅定了追求夢想的信念。

隨著時間的推移，威瑪進一步培養了自己的田徑能力，並在全國賽事中屢屢獲獎。這些獎牌並不是她成功的唯一證明。威瑪在比賽後不僅繼續努力訓練，還成為了許多年輕女性的榜樣，激勵了無數人勇敢地追逐自己的夢想，並告訴他們，無論背景如何，只要肯努力，就能改變命運。

故事啟示

即使身體殘缺，也不能放棄希望與夢想。真正的力量來自堅持與不放棄，每一次努力，都是通往奇蹟的步伐。

主動獲得的幸福

國王有七位公主，她們各個聰慧美麗，是國王最引以為傲的寶貝。七位公主都擁有一頭烏黑柔亮的長髮，因此國王特別為她們每人準備了一百個精緻的髮夾。

某天早晨，大公主起床後照例整理頭髮，卻發現髮夾只剩下九十九個。她不想讓別人發現，便偷偷到二公主房裡拿走一個髮夾補上。

二公主發現自己也少了一個，於是去三公主房裡拿了一個。三公主也做了同樣的事，拿了四公主的；四公主從五公主那裡補上；五公主則去拿六公主的；最後六公主也只好從七公主那裡取了一個髮夾。就這樣，七公主頭上的髮夾只剩下九十九個。

隔天，鄰國的王子突然來訪。他對國王說：「昨天我養的百靈鳥銜回了一個漂亮的髮夾，我想這應該是公主們的，不知道是哪位掉的？」

七位公主聽了，心中都想說是自己掉的，但低頭一看，頭上都還戴著一百個髮夾，於是誰也不敢開口。唯有七公主勇敢地站出來說：「那是我的髮夾。」

話一出口，她整頭長髮瞬間披散下來，美麗動人。王子看得怔住了，當下決定娶她為妻。

故事啟示

完美並非幸福的唯一條件，有時候，正是因為那一點點缺憾，人生才出現了意想不到的驚喜與轉機。別總想彌補失去的，因為有些失落，正是美麗的開始。

提早挖井的人

很久以前，相鄰的兩座山上各住著一位和尚。他們每天同一時間下山，到山谷間的溪邊挑水，日復一日，久而久之，兩人也成了好朋友。

時間一晃過了五年。

有一天，住在左邊山上的和尚沒來挑水。右邊山的和尚心想：「大概是睡過頭了吧。」隔天、第三天，他還是沒出現。一個星期過去了，還是不見人影。過了一個月，右邊山的和尚終於擔心起來，決定上山探望這位老友。

到了廟前，他驚訝地看見老朋友正精神奕奕地在院子裡打太極拳，完全不像一個沒喝水的人。他忍不住問：「你已經一個月沒下山了，難道你不用喝水嗎？」

左邊山的和尚微笑著說：「跟我來。」

他帶朋友走到廟後院，指著一口井說：「這幾年我每天做完功課後，都抽空挖這口井。趁現在年輕力壯，能自己挑水的時候，我就為將來做準備。當我老了、走不動了，總不能再靠人幫忙挑水吧？現在井挖成了，我不必再每天下山，就能多點時間做我喜歡的事。」

故事啟示

人生不能只顧眼前，也要為未來提早規劃。等需要時才開始準備，往往來不及。有遠見的人，總是在還有餘力時挖好自己的「水井」，為將來打下穩固的基礎。

失去依靠，才看見陽光

在一棵高大筆直的松樹下，生長著一株小草。

小草總覺得自己很幸運，因為有松樹遮風擋雨，日子過得安穩又自在。

直到有一天，伐木工人來了，將松樹整株砍倒，小草瞬間失去了庇護。它難過得哭喊：「怎麼辦？沒有松樹，我怎麼面對風吹雨打？我一定活不下去！」

這時，不遠處的一棵小樹輕聲安慰它：「別難過，也許這正是一個新開始。現在陽光能照到你了，雨水也能滋潤你。你會慢慢長大，變得強壯，還能開出美麗的花。那時候，大家都會注意到你，稱讚你原來這麼可愛動人。」

故事啟示

當我們失去了以為能一直倚靠的事物，確實會感到不安，但也可能因此得到更大的成長空間。往前看，你會發現，那片曾被遮住的陽光，其實一直在等著你長出自己的力量。

心有目標，道路自寬

寺院裡住著一位小和尚，每天清晨，他要挑水、打掃、拖地。做完早課後，還得翻山越嶺，到遠在後山的市鎮購買寺裡所需物品。晚上，他還得誦經至深夜。

他漸漸發現，其他小和尚偶爾也會被派出去買東西，但都走前山那條路，平坦又近。他心中不解，便問方丈：「為什麼別人都比我輕鬆？他們沒有人逼著做事、誦經，為什麼我卻忙個不停？」

方丈只是微微一笑，並未作答。

隔日中午，小和尚照例扛著一袋小米從後山回來，方丈將他帶到寺院前門。遠遠地，只見幾位小和尚正慢悠悠地從前山走來。方丈問他們：「今天一早讓你們去買點鹽，為什麼到現在才回來？」

小和尚們笑著說：「我們一路說說笑笑，欣賞風景，就走到這時了。這樣的日子都過了十年啦！」

方丈轉向身旁的小和尚問：「後山又遠又難走，你還扛著這麼重的米，怎麼反而早點回來呢？」

小和尚回答：「因為路遠又不好走，我只能一心想著早點完成，東西重，我就走得更小心，反而越走越快。十年來，我早習慣了，現在心裡只有目標，沒有路了。」

方丈聽了哈哈大笑：「路走得太平坦，反而讓人忘了目的地。只有走在坎坷的道路上，才能磨出堅定的心志啊。」

小和尚這才恍然大悟。

故事啟示

真正的成長，多半不是在順境中完成的，而是在困難與壓力中磨出來的。逆境，讓我們專注於目標，讓我們知道前行的每一步都有意義。平坦的路或許舒適，卻容易迷失；坎坷的路雖然辛苦，卻讓人走得更穩。只要心裡始終記得方向，再遠的路，也終會走到光亮的地方。

轉念之間皆是機會

美國加州有位剛畢業的大學生，在那年冬季徵兵中被徵召入伍，而且是被分發到最艱苦、最危險的海軍陸戰隊。自從收到消息後，他整天愁眉不展，坐立難安。

他的祖父是加州大學的教授，看到孫子這副魂不守舍的樣子，便語重心長地說：「孩子，這沒什麼好怕的。到了海軍陸戰隊，你會有兩種可能，一種是被分配到內勤，一種是到外勤。如果你留在內勤，當然就沒什麼好擔心的。」

年輕人點點頭，又問：「那如果我真的被分配到外勤呢？」

祖父笑了笑說：「那也一樣有兩個可能，一是被派駐在美國本土，一是被派到海外基地。如果在本土，你自然可以安心服役。」

年輕人又問：「那萬一我被派到海外呢？」

祖父說：「海外也有兩種狀況，一是被分配到和平友善的國家，一是前往維持和平的地區。如果你去的是和平國家，那還不是件好事嗎？」

年輕人還是擔心：「那如果我真的被派去維持和平地區呢？」

祖父不疾不徐地回答：「那也還有兩個結果，一是平安回來，一是可能受傷。若是能平安返鄉，還需要擔心什麼呢？」

年輕人接著問：「如果我不幸受傷了怎麼辦？」

祖父安慰他說：「即使受傷，也還有兩個可能，一是保住性命，一是情況危急。如果你能保命，那就沒有什麼不能承受的。」

年輕人最後問：「那如果真的救不回來呢？」

祖父微笑著說：「那還是有兩個可能，一是你英勇赴難，成為民族英雄；一是你猶豫不前，卻不幸遇難。你會選哪一個？當然是前者。既然有可能成為英雄，又有什麼好怕的呢？」

故事啟示

人生總有選擇，每一條看似艱難的路，其實都藏著轉機。好壞，不在於事情本身，而在於我們用什麼角度去看待。當我們懂得以正向的心態面對未知，就會發現——每一次機會的背後，都藏著成長的可能。

天鵝湖的遺憾

天鵝湖中有座小島，島上住著一對老夫妻。老先生以打魚維生，太太則在家養雞鴨、打理家務。平時他們極少與外界來往，生活自給自足、平淡安靜。

某年秋天，一群來自北方、準備飛往南方越冬的天鵝停留在小島上。這是老夫妻第一次見到這樣高雅美麗的訪客，他們興奮極了，立刻把飼料和小魚拿出來款待。天鵝們也慢慢對這對好客的老人產生信任，常常悠閒地在島上行走，有時還陪著老先生出船，圍繞在他身旁遊玩。

天氣逐漸轉冷，湖面結冰，天鵝卻沒有南飛，而是選擇留在島上。老夫妻見牠們受凍挨餓，便敞開茅屋讓牠們進屋取暖，並繼續供應食物。從此，每年的冬天，這群天鵝都會回到島上過冬，老夫妻也年年用愛心照顧牠們，直到他們年老離世。

隔年冬天，天鵝們依然如期回來，但島上已無人照顧。牠們在冰封的湖上找不到食物，也無處避寒，最終全數餓死在寒冷的冬夜裡。牠們不再南飛，因為早已忘了如何靠自己生存。

故事啟示

適度的關愛是溫暖，但過度的呵護卻可能讓人（或動物）失去自立的能力。愛若沒有原則，可能反成了傷害。給予的當下也該保留一點空間，讓對方學會成長。因為再多的依賴，都不敵風雨來臨時的自我保護力。

這是好事

在一個充滿戰爭與陰謀的國度裡，有一位英明的國王，他非常依賴自己那位睿智的大臣。這位大臣不僅智慧過人，且總是用一種淡然的心態來看待任何事情，無論好壞，他總是說一句：「這是好事。」

有一天，國王在宮殿裡安排了一場盛大的宴會，並計劃展示自己新創建的寶藏庫，這是一個大規模的倉庫，裡面擺放著無數的珍寶。宴會前，國王告訴大臣，他將把這些寶物中的一部分分發給臣子們，以增強他們的忠誠心。然而，當國王準備展示寶物時，突然發現庫房的門鎖被巧妙的撬開了，而許多寶物竟然不翼而飛。

國王大為震驚，立即命令大臣搜尋所有員工和宮廷中的每一個角落，確保竊賊被抓到。當國王震怒地向大臣詢問為何沒有預料到這樣的事發生時，大臣依然用他那冷靜的語氣回答道：「這是好事。」

國王氣憤地罵道：「你竟然覺得這是好事？國庫被盜，這是多麼大的恥辱！」

然而，大臣依然保持微笑，平靜地說：「雖然寶物被偷，這也許對我們來說是一個隱藏的機會。我們現在不僅要找回這些寶物，還應該加強保安，這會讓我們的國庫更安全，並且能防範未來的風險。」

不久後，國王決定派遣一支隊伍去追捕盜賊。就在這時，他意外得知，這場盜竊事件背後竟是一場精心策劃的陰謀，與敵國有關。透過此次事件，國王成功揭露了潛在的敵國間諜並成功加強了邊境防衛。

回到宮殿後，國王感慨萬千，意識到大臣的話語深具智慧。這一切的逆境最終讓他更強大、更智慧，並將自己和國家帶向了更安全的未來。

國王再次找到了大臣，向他表達感激之情。「你一直說這是好事，但如果我當時沒聽你的建議，今天的結局可能會截然不同。」國王誠懇地說。

大臣微笑道：「有時候，挫折與困難，正是成長的過程。如果我們一直順風順水，怎麼能學到如何應對風暴呢？」

故事啟示

人生中，好事裡常藏著風險，壞事裡也可能蘊含轉機。關鍵在於我們是否願意用正向的眼光看待每個當下。保持穩定的心態，不急不躁，也許當下難熬，回頭一看，卻是意想不到的好事。

人生之路的鐵環試煉

路邊立著一尊泥像，風吹雨打讓它日漸乾裂、損壞不堪，偶爾還被路過的孩子踢上一腳。它羨慕著人類能自由行動，心想若能變成人就好了，哪怕只有一天也行。

某日，一位長鬍子老人經過，泥像努力用眼神傳達它的心聲。

「你想變成人嗎？」老人似乎聽見了，微笑著說：「可以，但你得先走過人生之路。若你撐不下去，我可以讓你變回來。」

說完，老人一揮手，泥像變成了一位年輕人，站在懸崖邊。一座由大小鐵環串起的鐵索橋橫跨「生」與「死」之間，老人指著橋說：「去吧！」

青年踏上橋，戰戰兢兢地走著，不小心跌入一個鐵環，胸口被卡得喘不過氣。

「救命啊！」青年呼喊。

「這是你的考驗，只有你自己能救自己。」老人遠遠回應。

青年掙扎著脫困，氣喘吁吁地問：「這是什麼鬼東西？」

「我是名利之環。」腳下的鐵環答道。

他繼續前進，不久又因分心跌入另一個鐵環，被卡得幾乎昏厥。好不容易爬出來，他問：「你又是誰？」

「我是美色之環。」

休息片刻後，青年繼續踏上旅程，接連跌入貪欲、妒忌、仇恨等鐵環，每一次都是極大的痛苦與掙扎。

走到一半，他實在筋疲力盡，再也無力前行，抬頭望著仍遙遠的終點，只想放棄。

「老人家，求求你，把我變回泥像吧，我不想再走這條路了！」青年喊著。

老人現身，輕輕一揮手，青年又成了原本的泥像。

「人生雖苦，勝過痛苦後的快樂才最真實。你確定不想再試試嗎？」

「我寧願做泥像，也不要被命運的鐵環反覆折磨。」青年毫不猶豫地回答。

故事啟示

人生路上充滿了考驗與誘惑，走得穩、走得遠，靠的是意志與堅持。如果無法承受風雨與挫折，終將錯失人生真正的美好。

含苦而讀，志堅如磐

翠雲寺的聚雲禪師是位學識淵博、通曉古今的高僧。每天誦經讀書時，他總會含著幾片新鮮或風乾的苦丁葉，一邊咀嚼、一邊專心朗讀。

這個習慣被新來的小和尚一明看見了，出於好奇，他走進禪房向禪師請教。聚雲禪師笑著說：「嚼苦讀書，沒什麼特別的奧祕，純粹是為了提神醒腦、保持專注。」

從此，一明也養成了咀嚼中讀的習慣。他選擇蘆薈葉來代替苦丁，同樣清苦，卻多了點保健的作用。

多年後，我在一個介紹蘆薈的網站上，讀到一明和尚的介紹。他已成為著作豐富、涉獵廣泛的大法師。他在一則日記中寫道：「原來『苦讀』不只是比喻，更是一種對學問的堅持與喜悅。」

故事啟示

吃苦，不僅鍛鍊體魄，更磨練意志，使人成熟強大。當你在生活或學習中主動承受「苦」，未來回首時，會發現那是最珍貴的養分。正因如此，我們才能在風浪之中，依然泰然自若、自信前行。

當逆境成為磨練的墊腳石

梅西出身貧苦，父親是個漁夫。19 歲那年，他獨自前往波士頓闖蕩，但工作一年毫無斬獲。後來，他與荷頓合夥開了一家布店，生意漸入佳境。不料，他愛上了荷頓的妹妹，卻遭到強烈反對。荷頓認為他無才無勢，不允許妹妹嫁給他，還逼他在愛情與生意中做選擇。

梅西選擇了愛情，放棄合夥生意，與荷頓的妹妹結婚。婚後，他獨自開設一家販售針線、鈕扣等小商品的店舖，卻因利潤太低無法維生，只能收店。接著，他又開布店，憑著早期的經驗以為穩賺不賠，卻因市場誤判再次失敗。

當時美國西部興起淘金熱，梅西轉往加州追夢，卻發現淘金充滿風險，還可能為了地盤送命。他只好轉向在舊金山開店，販售熱門的淘金用平底鍋，以低價吸引客群，成功賺得第一桶金，並學會兩項寶貴經驗：洞察需求與薄利多銷。

後來，他帶著資金返鄉，在麻州哈佛山再次開設布店，這次他大力廣告、跟隨時令推出新品、擴充品項並實行明碼標價，然而人口太少、市場狹小，他的手法無法發揮效果，結果仍是失敗。

正當他陷入低潮時，當年拒絕他的荷頓反而主動來找他合作。荷頓早已看出梅西的毅力與韌性，認為這樣的人就算一時失敗，終會熬出頭。於是他出資，梅西出力，兩人攜手前往紐約創業。

梅西在紐約開設了第一家百貨公司，十年之後，事業拓展至半條街。他創辦的「梅西百貨」，如今已成為全球知名的百貨公司之一。

故事啟示

每一次跌倒都是一次累積，每一次失敗都是一次修練。真正的成功，來自不斷在困境中淬鍊自己，正如布克．華盛頓所說：「成功的大小，不是看你站得多高，而是你跨過多少障礙。」只有不懼挫敗、勇於磨練的人，才有機會修成正果。

當機會穿著麻煩的外衣

一年冬天，戴爾公司總裁麥可‧戴爾（Michael Dell）在日本與索尼公司代表進行了數日關於多媒體技術的會議，討論內容包含螢幕、光碟與唯讀記憶光碟等。他已筋疲力竭，只想儘快回飯店休息。

就在他準備離開會場時，一位年輕的日本工程師突然擋住他的去路，懇切地說：「戴爾先生，我來自能源系統部門，想跟您談一個新技術，可以耽誤您一點時間嗎？」戴爾一開始因為疲累幾乎想直接拒絕，但對方誠懇的態度讓他改變心意，點頭答應了。

工程師拿出厚厚一疊資料，耐心介紹剛研發成功的「鋰電池」。雖然戴爾一開始聽得模模糊糊，但當他聽到鋰電池有超過 4 小時的續航力時，腦中立刻浮現出使用筆記型電腦者長期以來對電池壽命的渴望。他敏銳地察覺到這或許是一項改變市場的關鍵技術，便開始認真討論起合作的可能性。

後來，鋰電池確實成為筆記型電腦電源的一大突破，而搭載此項技術的戴爾電腦，也迅速躍升為市場上的熱銷商品。

故事啟示

真正的機會，常常穿著「麻煩」的外衣現身。如果因為疲倦或不耐煩而拒絕它，往往也會錯過潛藏其中的成功契機。真正有遠見的人，懂得在不便中發現轉機。

離職前的態度

由於營運狀況惡化，公司決定裁員，財務部 8 人中，趙敏與王雁同時被通知一週後將離職。消息一出，部門氣氛緊繃，其他同事都小心應對，唯恐惹怒兩位當事人。

趙敏在公司服務了三年，得知消息後情緒激動，感到極不公平，乾脆擺爛，每天不是發呆就是猛摔東西，甚至對辦公桌出氣，辦公室裡時不時傳來砰砰聲響，令路人側目。

相較之下，剛入職不久的王雁則安靜如常，照舊處理手邊工作，甚至主動接手趙敏擱置的業務。她說不上話多，只是默默把事情做好，沒有一句抱怨。

週五下午，王雁正在整理個人物品準備離開時，總裁突然現身，當眾宣布撤回對王雁的裁員決定。他語重心長地說：「公司正處困難階段，更需要像王雁這樣穩重、敬業的員工。」

故事啟示

真正決定一個人價值的，往往不是順風順水時的表現，而是面對挫折時的態度。當無法改變結果時，與其怨天尤人、破壞環境，不如保持冷靜，盡好本分。也許不能立刻逆轉命運，但至少為未來留下尊嚴與可能。

颱風之夜也能安心睡

喬治在大西洋岸邊新開了一座農場，想招幾位工人幫忙打理，但因沿岸風暴頻繁，大家紛紛婉拒。無計可施的他只好在電視上登廣告，終於等到一名矮瘦男子前來應徵。

「你確定自己能勝任？」喬治半信半疑地問。

對方點頭說：「你可以完全相信我。即使颱風來了，我照樣能安心睡覺。」

這樣的回答讓喬治更不放心，但眼下急需人手，他還是決定先試用看看。

半個月過去，這名工人做事勤快、井井有條，讓喬治逐漸放下戒心，甚至開始考慮正式聘用。就在這時，一場強烈風暴即將來襲，喬治正想藉此驗證他的本事。

那天深夜，狂風呼嘯，雷聲大作，喬治焦急萬分，急忙跑去叫醒工人：「快起來！風暴來了！你不去拴牢牲畜和東西嗎？」

工人翻個身，閉著眼睛說：「我早就準備好了，現在正是安心睡覺的時候。」

喬治一肚子火，獨自衝出門巡視。不久，他發現所有牲畜早已被妥善安置、門窗加固、乾草覆蓋得嚴密，連羊圈門口還壓了厚厚的油氈紙，風再大也無可奈何。

看著眼前一切井然有序，喬治不禁莞爾：「原來他說的是真的。」當下轉身回屋，心裡只剩一個念頭：「這人值得加薪！」

故事啟示

人生難免遭遇風暴，但若能平日做好準備，臨危不亂，自然無懼風雨。真正的安心，不是逃避危機，而是把該做的事提前做到最好。如此一來，即使狂風暴雨，也能安然入睡。

先把帽子扔過去

帕培爾剛開始創業就遇到不少困難，壓力沉重。他帶著煩惱去找父親傾訴，希望能得到一點鼓勵。離開時，他已經重新找回了勇氣，因為父親講了一個關於「帽子」的故事。

父親說，他小時候很頑皮，常偷偷溜進祖父的果園摘未成熟的瓜果。後來祖父索性築起高高的籬笆，唯一的入口還設了小屋有人看守。不過，即使這樣，父親仍有辦法溜進去。

「我的祕訣是，一旦發現找不到入口，我就先把自己的帽子扔進園子裡。」父親說，「這樣我就沒有退路了，只能想盡辦法翻牆進去取回帽子。每次都成功。」

這個童年經歷後來變成了他面對人生挑戰的信念。長大後，他背井離鄉，隻身到芝加哥闖天下，沒錢、沒人脈、沒工作。他告訴帕培爾：「我就是靠著這種信念，把自己逼到絕境，不給自己退路，所以才能集中全部心力，打拚出今天的成就。」

帕培爾恍然大悟：面對高牆，與其遲疑退縮，不如先把帽子扔過去。這一舉，能讓你放下所有雜念，集中在「如何成功」上，而非「是否會失敗」。

故事啟示

當你猶豫要不要前進，不妨把「帽子」先扔過去。讓自己沒有退路，才會激發出最強的決心與智慧。被迫向前時，人反而能發揮出超乎想像的潛能。成功，有時就藏在那一念之間的孤注一擲裡。

趴著也能比坐著高

鮑曼一出生便身陷困境。他不僅體型比正常嬰兒小了許多，雙腿還先天畸形，根本無法站立。醫生甚至斷言他撐不過半年。然而，鮑曼不但活了下來，還以樂觀開朗的性格面對人生。他無法站立，只能趴在滑板上移動。

一般人認為這樣的孩子應該就讀特殊學校，但鮑曼的父親堅持讓他進入普通學校。他希望兒子能在真實的環境中學會堅強。

這條路對鮑曼來說無比艱難。他沒有優勢，也缺乏同齡人的照顧，每一件平凡的小事都得付出數倍努力去完成。但他始終咬牙堅持，靠著堅強的意志一路闖關，熬過無數次挫折與眼淚。

大學畢業後，求職屢屢碰壁的鮑曼轉而投身文學創作。他的故事感動了無數人，學校與機構爭相邀請他去演講。因為行動不便，每次他都得請人將他抱上講臺。他總會笑著對臺下聽眾說：「你們看，雖然我是趴著的，但我比坐著的人還高。」這句話既自嘲又振奮人心，讓聽眾為之動容。

故事啟示

人生的高度，不在於你站得多高，而在於你跌倒後是否還願意抬頭。就算趴著，只要心不倒、志不滅，也能超越常人。無論身處何境，只要不放棄奮鬥，你就是那個最高的人。

結實的木結

他出生於偏遠山村，雖從未見過外面的世界，卻是大家眼中的幸福孩子。獨生子，備受父母疼愛；成績優異，深得老師欣賞，也讓同學敬畏。眼看就要成為頂尖的大學生，鄉親們無不投以羡慕的眼光。

然而，人生不如意十之八九。他在關鍵的大學考試中意外落榜，從高處跌落谷底，整個人陷入深深的低潮，天天愁眉不展。

父親沒有多說什麼，只默默帶著他上山砍柴。伐倒幾棵大樹後，父親讓他整理散落的枝幹。他舉起斧頭劈木，卻在一處木節上卡了斧頭，費了好大力才拔出來。

「爸，這個木結怎麼這麼硬？」他納悶地問。

「那是因為那裡受過傷。」父親頭也不回地說。

他愣了一下。

父親停下手中的活，看著他說：「樹在受傷後，會在傷口處長出結實的木結，比其他地方更堅硬。人也是一樣，摔過、痛過，才能真正變得堅強。」

這句話像一束光照進他的心裡。他靜靜地站著，低頭喃喃自語：「我不能被這個木結卡住前進的腳步。」

故事啟示

人生的傷痕，並非絕望的記號，而是堅韌的起點。每一道傷口，都可能長成你最堅強的地方。苦難讓人折服，但也能讓人成長。是否能從低谷中走出，關鍵在於你是否願意轉身迎向那片更廣闊的天空。

命運捏不碎的種子

一位懷抱遠大志向的年輕人，一心想闖出自己的一片天。沒想到理想與現實之間卻隔著重重打擊與不斷挫敗，他幾乎要崩潰，甚至懷疑自己是否註定無法成功。

有一天，他見到當地一位備受敬重的智者，便滿懷期盼地問：「大師，我真的很努力，也從未放棄，但命運一次又一次打擊我，我該怎麼才能成功呢？」

智者沉吟片刻，從桌上拿起一粒花生遞給他，說：「你現在就像這顆花生，而你的命運，就像你的手。」

青年聽得一頭霧水，正想追問，智者又說：「試著用力捏一捏它。」

青年一捏，花生殼立刻碎了，露出紅紅的花生仁。

「再用力揉揉它。」智者繼續說。

青年照做後，紅皮也被揉掉了，露出潔白的花生果仁。

「現在，再捏一捏它看看。」智者望著他說。

青年盡全力再捏，那顆白色的果仁雖小，卻怎樣也捏不碎。

「你看明白了嗎？」智者語重心長地說，「當你還柔弱時，命運能輕易打碎你；但只要你在磨難中蛻變、堅強起來，即使命運再怎麼用力，也奈何不了你。」

青年怔住，隨即像被點醒般熱淚盈眶。

故事啟示

人生的苦難從來不是懲罰，而是打磨你的過程。當你足夠堅強、內心堅實如種子，再猛烈的風雨也無法摧毀你。願我們都能像那粒花生一樣，在壓力中蛻變出堅不可摧的核心，終將迎來屬於自己的豐收時刻。

第七章
反思與成長，走出成功之路

人生從來不是筆直的大道，而更像是一條蜿蜒曲折的山徑。我們總以為只要一往無前，便能抵達夢想的彼岸，但現實卻時常告訴我們：有時退一步，是為了更準確地出發；轉個彎，才發現更適合的方向。

轉個念，門就開了

在一個遙遠的國度，有一位名叫愛莉絲的年輕女巫，她天賦異稟，擁有能夠解開任何鎖的能力。她的才華使她成為了王國最受敬重的巫師之一，然而有一天，當她被困在一座神秘的古老城堡中時，她發現自己陷入了困境。

城堡的門被一個古老且極其複雜的鎖所封住，愛莉絲毫不懼怕，馬上開始使用她的鎖具解鎖技巧。她仔細觀察鎖的結構，推測每個機關，並在這過程中陷入了無窮無盡的思考。她以為只要一點一滴地破解鎖機，她就能逃脫困境。

數小時過去了，愛莉絲依然未能成功解開鎖。她感到焦慮不安，開始對自己失去信心。這時，她回想起父母曾經教她的話：「當妳陷入困境時，不妨停下來，改變思考的方式，尋找最簡單的解決辦法。」

愛莉絲突然意識到，她一直專注於鎖的細節，卻忽略了門本身。她伸手輕輕推開了那扇門，門竟然毫不費力地打開了。她驚訝地發現，自己一直以來都忽視了眼前最簡單的出路，反而一心一意地解決一個不需要解決的問題。

故事啟示

突破人生瓶頸，有時不是靠技巧，而是靠一個轉念。當你發現「門怎麼都打不開」時，也許它根本沒鎖住。最可怕的不是外界的限制，而是我們心中那把假想的鎖。

靜下來，才聽得見方向

工作間裡，地板上灑滿木屑，一只手錶悄然掉落。木匠焦急地撥動著地上的木屑，一旁的同事也紛紛加入搜找的行列，燈光下，人聲鼎沸，腳步踱來踱去，卻怎麼也找不到那只錶。

等大家離開休息，木匠的孩子默默走進來。沒多久，孩子竟然找到了那只手錶。面對父親的驚訝，他只是輕聲地說：「我坐下來，什麼也不做，然後我就聽到了『滴答滴答』的聲音。」

那聲音，一直都在，只是大人們太急、太吵，沒辦法聽見。

人生不也如此嗎？越是慌張、吵雜、焦躁的時候，越聽不見內在真正的需求與方向。我們習慣在煩亂中硬拚出路，卻往往事倍功半。反而靜下來、慢下來，才能聽見內心的聲音，發現那被掩蓋的微小訊號。

正如那只手錶，其實從未遠離，只是我們被自己的急躁遮住了感知。

故事啟示

越是在混亂之中，越要學會讓心安靜下來。只有當我們靜心傾聽，才能聽見「滴答」聲，找到人生真正的方向。躁動解決不了問題，反而會讓答案悄悄溜走。靜，是一種智慧；聽，是一種力量。

方向比努力更重要

曉紅決定開設一間咖啡館，她對這個新計畫充滿熱情，早早地找到了一個完美的位置，並準備實現自己的夢想。然而，在開業的準備過程中，他的朋友來訪，給了他一些建議。

朋友看著曉紅的計畫書，開始指點起來：「這樣不行，咖啡的品質需要更高要求，我們應該進口更好的豆子，還需要一臺更好的咖啡機，還得請一位專業的咖啡師來。」曉紅聽後覺得有道理，於是開始著手修改計畫，尋找更好的設備和人員。

然而，朋友並沒有停下來。他接著說：「咖啡館的裝修需要調整，牆壁的顏色太暗，必須重新漆一漆，這樣才能吸引更多客人。」於是，曉紅開始聯絡設計師和油漆工，並一再延遲開業。

不久後，朋友又提到，咖啡館的燈光也需要改進，要選擇柔和的燈具才能提升氛圍。這些改動不斷推遲了曉紅的計畫，而她的夢想似乎越來越遠。

有一天，曉紅突然發現自己再也等不下去了。她決定放下那些無止盡的細節，開始專注於提供最基本的服務。於是，她開放了咖啡館，並直接提供她最好的咖啡，簡單而真誠地迎接顧客。

幾個月後，曉紅的咖啡館逐漸受到客人們的喜愛，儘管它並不完美，但它的簡單和真誠觸動了人們的心。曉紅意識到，成功不一定需要完美的細節和無窮的準備，方向比努力更重要。

故事啟示

生活中總有人看似忙得不可開交，實際上卻始終在繞圈。

努力本身沒錯，但方向錯了、目標模糊，所有的努力只會變成白忙一場。別為了忙而忙，忙碌不是成就的保證，有效行動才是。真正的智慧，是在行動中保持清明，在簡單中尋求高效。

在死亡之前的反思

牧師納德．蘭塞姆，在長達九十年的人生裡，曾一萬多次親赴臨終者身邊，聆聽他們懺悔。他不分貧富，總是耐心傾聽那些臨終者最後的話語與悔意。

原本他計劃將這些紀錄集結成書，藉此提醒世人思索人生真義。不幸的是，他珍藏數十年的六十餘本日記，在法國里昂的一場大地震中化為灰燼。

納德．蘭塞姆過世後，被安葬於聖保羅大教堂。他的墓碑上，只簡單刻著他親筆寫下的一句話：

「假如時光可以倒流，世界上將有一半的人可以成為偉人。」

而這句話背後，其實還藏有他未說出口的深意：若人們能夠早一點，提早幾十年開始反思生命的終點，或許就能少些悔恨，多些成就。

許多人總在臨終之際才開始懊悔錯過了什麼、虛度了什麼，才明白原來生命的本質是那麼短促。倘若我們能提早思考「終點」將至，便會更加珍惜眼前的「起點」。

故事啟示

死亡並不可怕，它只是為我們人生設下一個清楚的限期。真正可怕的是等到生命走到尾聲，才明白自己從未真正活過。提前面對終點，才能清醒活在當下。若你現在開始反思死亡，那麼你就比世界上一半的人更有可能，活得不虛此行。

別讓蟲從心中長出來

小和尚從樹林裡採了許多香菇，晒乾後正準備把它們通通裝進一個大袋子裡。老和尚見狀，提醒他：「別全放在一袋裡，分成幾包，各自綁好。」小和尚雖然不明白原因，仍乖乖照做了。

過了一陣子，寺裡準備做齋飯，小和尚開了一包香菇入菜，香氣四溢，讓前來吃齋的人讚不絕口。不久後，他又打開第二包香菇，卻發現香菇已經生蟲，無法再使用。他趕緊去向老和尚報告。

老和尚讓他將其餘幾包也都打開看看，小和尚一一檢查後，高興地說：「其他幾包都還是好的！」

老和尚點點頭說：「這正是我當初要你分包裝的原因。如果當時全放在一袋裡，現在可能一包都救不回來了。雖然你把袋子綁緊了，防住了外面的蟲，但你沒想到，蟲也會從香菇裡自己生出來。」

香菇會生蟲，人心也會。許多人面對失敗時，第一反應往往是抱怨外在的環境與他人的不作為，卻少有人思考：「是不是我自己的心裡，早已滋長了問題？」

故事啟示

真正的破壞，不見得來自外部，更多時候，是從內部慢慢腐蝕的。倘若我們不常常自省，讓情緒、偏見、自大、懶惰等心中之「蟲」悄悄滋生，哪怕外面防守再嚴，也終將從內部瓦解。修心如分香菇，留些餘地、分段檢查，才能保住清明與純淨。不僅是為了當下，更是為了未來不至於一敗塗地。

蚊子的得意與失足

蚊子來到獅子身邊，自信滿滿地說：「我才不怕你呢！你有什麼了不起？只會用爪子抓、用牙齒咬，那些不過是夫妻吵架時女人才會做的事。我可比你厲害多了，要不我們比比看吧？」

說完，蚊子立刻飛到獅子的臉上，專挑沒有毛的地方猛叮。獅子被叮得抓耳撓腮、狼狽不堪，不斷用爪子拍打自己，最後只好認輸。

蚊子得意洋洋地唱著歌飛走，覺得自己剛剛戰勝了叢林之王，簡直無人能敵。誰知就在牠飛過一處灌木時，沒留神竟被蜘蛛網纏住了。當蜘蛛慢慢爬過來準備享用牠的時候，蚊子喃喃自語道：「唉，我連獅子都能打敗，卻沒想到會輸給一隻小小的蜘蛛……」

人生在世，沒有誰永遠是贏家。再小的成就也不能自滿，再大的對手也不必畏懼。許多時候，我們敗下陣來，不是因為敵人太強，而是因為自己太驕傲。真正可怕的從來不是對手，而是得意忘形的自己。

故事啟示

勝利不代表高枕無憂，反而應是更加謙卑的起點。唯有放下虛榮，才能避免在下一次考驗中跌得更重。

知識的邊界

一位學生問老師：「老師，您掌握的知識比我多得多，為什麼您對自己的答案卻總是保留、懷疑？」

老師聽後，在沙地上畫了一個大圓圈，又畫了一個小圓圈，然後對學生說：「你看，這個大圓圈代表我掌握的知識，小圓圈代表你掌握的知識，而圓圈以外的部分，就是我們尚未了解的未知領域。」

老師頓了頓，接著說：「因為我的圓圈比較大，接觸到未知世界的邊界也就越多，所以我更能感受到自己知道的少，也就更容易產生懷疑和謙遜的態度。而你的圓圈比較小，接觸無知的邊界自然也較少。」

學生聽完，若有所悟。

學得越多，越能體會世界的廣闊與知識的無限，因而更懂得謙卑；知道得少，反而容易自滿，誤以為自己已掌握全貌。正如古人所言：「三天學醫，走遍天下；三年學醫，寸步難行。」真正的智慧，從不是標榜自己的聰明，而是在於承認自己的不足、持續探尋未知。

故事啟示

知識愈多，疑問也愈多；而敢於質疑的人，才是真正走在成長之路的人。

別輕忽那條小魚

在南美洲的海洋裡，有一種體型不大的小魚，外皮鬆散卻布滿尖銳的棘刺，看似弱小，卻是鯊魚的致命天敵。

這種小魚並不與鯊魚正面交鋒，而是另有妙招。當鯊魚一口將牠吞下，牠便立刻蜷縮成一顆布滿利刺的小球，在鯊魚體內猛烈翻滾、亂刺，甚至啃食鯊魚的肉。鯊魚雖然痛得難以忍受，卻無計可施，最終只能痛苦死去。

這小魚無法靠力量制敵，但卻靠著獨特的生存方式，反而能讓強敵致命。

在生活中，我們最大的「鯊魚」往往不是外在的困難，而是內在那些被忽視的小毛病、小缺點。它們看似無害，卻藏著足以摧毀大夢想的力量。

正因我們輕忽它們，容忍它們，它們便在心中安了家。等到我們追求目標、奔赴夢想時，它們才會悄然發作，在關鍵時刻扯我們後腿，讓努力功虧一簣。

故事啟示

別等小毛病變成大致命，能改的今天就改，才能走得長遠、走得踏實。

靈活應變贏得勝出

志彬從外語系畢業，與另外三位競爭者一同進入某家電氣公司的最終面試。這一關的考題，是翻譯一份電氣相關的技術資料，內容專業、術語繁多，對於外語背景的考生而言，難度不小。

翻譯到一半，志彬遇到幾個陌生詞彙，他環顧四周，看見桌上擺著幾本英語詞典，便直接向主考官提出：「這裡有些單字不太清楚，我能查閱詞典嗎？」面試官點頭允許，志彬隨即查詢詞彙，在規定時間內完成了翻譯，而且正確率最高，順利錄取。

其他未錄取者中，有人事後坦言，他也注意到詞典，但礙於「怕被質疑實力」而選擇不借用，只能勉強猜測詞義作答。

該公司的人事主管最後表示，他不但沒有因志彬查詞典而小看他，反而欣賞他當下果斷的反應與靈活的解題方式。他說：「在工作現場，真正重要的是能否善用資源、迅速完成任務，而非死撐到底的逞強。」

故事啟示

在變化快速、競爭激烈的時代中，死守原則、不知變通反而會讓自己錯失良機。職場上，比起逞強硬撐，更重要的是解決問題的能力與資源運用的智慧。只有懂得靈活應變，善用手邊工具，才能在關鍵時刻突圍而出，成為真正的人才。

眼中只有別人的缺點

有一天，天神向動物們宣布：「如果你們對自己的外貌或形體有不滿，今天我可以幫你們做出調整。」

出乎意料的是，動物們聽了卻都靜默無言，沒一隻動物主動提出改變自己的願望。

天神便對猴子說：「你先來說說吧，你認為自己或其他動物有什麼需要改善的地方嗎？」

猴子毫不猶豫地回答：「我哪裡需要改？我四肢靈活，模樣也討喜，已經很完美了。要說誰該改，我覺得大熊最該檢討，動作遲鈍，樣子又笨拙，若我是牠，早就羞得不敢見人了！」

大熊這時慢吞吞走來，大家以為牠會感到自卑，沒想到牠理直氣壯地說：「我威武高大，氣勢非凡，根本無可挑剔！你們看看大象，那短短的尾巴和大到不成比例的耳朵，一點都不協調，簡直難看極了！」

大象沉默了一會兒，沒為自己辯解，卻罵起其他動物：「說到身形，海裡的鯨魚比我更臃腫；而螞蟻則渺小得像粒灰塵！」

這時，小螞蟻抗議道：「至少我比微生物大！跟那些連肉眼都看不見的東西比起來，我也算壯碩的了！」

就這樣，動物們你一言我一語，批評彼此，卻沒一隻願意面對自身的不足。

天神搖搖頭，失望地說：「既然你們都認為自己完美，那就各自回去吧。」

故事啟示

多數人總是看得見別人的缺點，卻看不見自己的短處。批評別人是本能，反省自己卻是智慧。若一味把錯推給外界，只會讓自己停滯不前，錯過真正的成長契機。誠如古人所言：「見人不是，萬善之門闔；見己不是，萬善之門開。」只有學會自省，才能真正改善人生。

內在潛力的發揮

桌上放著一個鼓鼓的存錢罐和一張潔白的紙。有一天，存錢罐看了看自己裝滿硬幣的肚子，得意洋洋地說：「白紙先生，你什麼也沒有，難道不覺得空虛嗎？看看我，滿肚子都是錢，多實在啊！」

白紙微笑回答：「我雖然現在空白，但未來可以被賦予價值，只要內容夠精彩，我就能流傳百世。」

存錢罐冷笑一聲，搖了搖身子，發出叮噹作響的聲音，似乎在炫耀自己的「富有」。

不久後，主人回來了。他拿起那張白紙，提筆寫下兩行蒼勁有力的字，隨即將它裝裱成條幅，掛在書房中。來訪的客人見了，無不稱讚其書法之美。多年後，那幅字成為傳世之作，被博物館珍藏。

而那個自鳴得意的存錢罐呢？早在主人兒孫年幼時就被敲碎了，只為取出裡頭那些早已不稀奇的硬幣。碎片早已不知去向，再也沒有人記得它曾存在過。

故事啟示

真正的價值，不在於外在的炫耀，而是內在潛力的發揮。驕傲常讓人停滯不前，甚至毀於自滿；而謙遜與沉潛，則為未來打下深厚的基礎。就像那張白紙，看似平凡，卻能因內涵而歷久彌新。

適合自己的十字架

有一位婦人，總覺得自己的命運坎坷、生活艱苦，彷彿老天特別虧待她。她常常埋怨，認為自己背負的十字架太沉重，總希望能換一個輕鬆些的。

某夜，她做了一個夢。夢中她走進一座大廳，眼前擺滿了各式各樣的十字架，大大小小、形形色色，有的金光閃閃，有的精雕細琢，有的飾滿寶石，有的環繞鮮花，看起來都比她自己的好得多。

她試著挑了一個鑲著金子與鑽石的十字架，但剛一扛上肩，就重得幾乎讓她無法站立。她又換了一個滿布玫瑰的十字架，雖然外表美麗，但刺痛了她的雙手與背脊。她不斷地試，不斷地放棄，每一個看似美好、別人的十字架，背起來都讓她痛苦難耐。

最後，她終於選中了一個最適合自己的十字架，無論重量還是大小，都恰如其分。正當她覺得如釋重負、欣慰不已時，低頭一看，竟然發現那就是她一開始背著的那一個。

故事啟示

每個人背負的十字架，或許沉重、或許醜陋，但正因為它貼合我們的肩膀，才顯得合適。別人肩上的輕盈，未必我們也能承受；他人擁有的光鮮，也未必是我們能駕馭的。與其羨慕別人的人生，不如學會珍惜並擁抱自己的路。因為走得最穩的，往往就是我們熟悉的那條路。

成功不能靠回憶

安麗是美國知名的消費品製造公司，旗下商品超過四千種，透過全球超過一百萬名獨立經銷商建立起龐大的直銷系統。令人驚訝的是，安麗的產品不進入實體店面，而是以上門推銷與郵購為主，年營業額高達數十億美元。

這間企業是由狄維士與傑．溫安洛共同創辦的。早在高中時期，他們便因擁有相似的夢想與目標而相識，於是在 1950 年代末期，兩人從自家車庫出發，展開創業旅程。雖然過程中經歷不少挑戰與挫敗，但他們始終堅持不放棄，彼此扶持，最終建立了穩健的企業基礎。

當媒體詢問狄維士成功的祕訣時，他表示，很多創業者在事業初期勇於創新與拚搏，但當企業逐漸茁壯後，反而容易陷入對眼前成績的自滿，忽略了進一步成長與自我反省的重要。

他認為，真正的經營之道，是在企業繁榮時依然保持前進的動力，時時提醒自己不能停止學習。

故事啟示

停滯不是原地踏步，而是緩慢的倒退。企業如此，人生亦然。唯有持續前行，不斷面對與反省，才能讓根基穩固、價值持續提升。真正的成功，不在於一時的成就，而在於是否擁有不斷前進的心。

光榮的疤痕

羅伯特在戰爭中受過重傷，雖然保住了性命，但一條腿留下了嚴重的疤痕，還帶著些許殘疾。儘管如此，他仍能繼續從事自己最喜歡的運動——游泳。

出院後的一個週末，他和妻子一起到海邊度假。簡單衝浪之後，羅伯特坐在沙灘上晒太陽，卻發現四周不少人都在盯著他的腿看。從前他從不在意這些傷痕，但這一刻他才意識到，它們似乎真的引人側目。

隔週，妻子提議再去海邊，但羅伯特搖頭拒絕了。他說寧願待在家裡，不想再承受那種異樣眼光。

妻子看著他，語氣溫和地說：「我知道你為什麼不想去，是因為你開始對那些疤痕感到在意了，對吧？」

羅伯特點了點頭，低聲說：「我不否認。」

妻子握住他的手，堅定地說：「這些不是普通的疤痕，而是你勇氣的象徵。那是你用生命換來的榮耀，沒有什麼好遮掩的。你不該躲起來，而是該為這段經歷感到驕傲。現在，我們一起去游泳吧！」

妻子的話像一道陽光照進羅伯特心裡。他重新找回了自信，也再一次走上沙灘，踏進海水中。這一次，他不再羞於面對自己，而是帶著笑容享受陽光與海浪，彷彿重新開始了一段人生。

故事啟示

人若總是用陰暗的眼光看待自己，就會把過去的創傷當作包袱；但若能轉念，疤痕也能成為勇氣的記號。換個角度思考，光明就會取代陰影，人生也會走得更加堅定踏實。

空杯的智慧

有位學者學識淵博，為了深入了解禪學，不辭辛勞地前往山中拜訪一位高僧。禪師早已準備好兩杯熱茶，茶杯幾乎斟滿。

學者坐定後，禪師開始娓娓道來禪的要義。學者初時安靜傾聽，但漸漸覺得這些話聽來平淡無奇，不如自己過往讀過的經典深刻，甚至覺得禪師所言無非是老生常談，便開始插話，不斷強調：「這我早知道了。」

禪師並未回應，只是微笑著拿起茶壺，為學者再次添茶。學者注意到，明明杯中還有大半的茶水，禪師卻不斷倒入，直到茶水滿溢，流到桌上和地面。

學者忍不住開口提醒：「禪師，茶杯已滿，再倒就溢出來了。」

禪師輕輕放下茶壺，望著學者說：「正如這杯茶，你若不先倒空舊有的，怎麼能盛得下新的呢？」

這一番話讓學者當場愣住，才明白自己雖學問豐富，卻未曾放下成見，自認飽學，反而失去了聆聽與學習的空間。

故事啟示

真正的學問，源自放下與虛心。一個自以為滿載的人，反而裝不下更多知識；唯有保有「空杯」的心態，才能不斷學習與進步。謙虛，是通往智慧的第一步。

被耍的其實是？

在動物園裡，一位爸爸指著籠子裡的猴子對孩子說：「這種動物叫猴子，是專門逗人開心的。」

「為什麼這樣說？」孩子問。

爸爸微笑著從包包裡拿出一顆花生，朝猴子的背後扔去。只見大猴立刻轉身，用嘴巴接住花生，再用爪子從嘴裡取出來剝開吃掉，看起來滑稽又逗趣。孩子忍不住笑出聲，爸爸也覺得有趣，又連續朝猴子背後丟花生，大猴也一再表演接花生的動作。直到一整包花生丟完，父子倆才滿意地離開。

走在路上，孩子問：「爸爸，為什麼每次都丟到猴子的背後？」

爸爸笑得更得意了：「這樣猴子才會一直翻來翻去地接花生啊，才好玩嘛！」

孩子佩服地說：「爸爸，你真聰明！」

爸爸又補了一句：「猴子還以為自己多靈巧，沒發現我們才是真正在玩牠們，真可笑！」

而此時在動物園內，大猴也在教育牠的小猴。

「這些叫人，是來逗我們開心的。」大猴說。

「為什麼這樣說？」小猴好奇地問。

剛好又有遊客丟花生進來，大猴再次用嘴接住，再用爪子取出來剝開吃掉。花生越丟越多，大猴也越表現越賣力。

等遊客離開後，小猴問：「媽媽，妳為什麼不用爪子接花生？」

大猴笑著說：「我要是直接用爪子接，他們哪會一直丟呢？我得演得有趣點，他們才會一直餵我們吃。」

小猴點點頭：「媽媽妳真厲害！」

大猴說：「人這種動物啊，自以為自己在逗我們，其實啊，是他們被我們耍了呢！」

故事啟示

自以為聰明的人，常覺得自己掌控了一切，卻沒發現自己也可能正被反過來操控。真正的智慧，不在一時的得意，而在能換角度思考，看清局勢的能力。

聰明的畫師

從前有位國王，天生獨眼、缺手又斷腳，卻非常愛面子。他一直想留下一幅畫像，讓子孫後代能瞻仰他的風采。於是，他召來全國最頂尖的畫師，希望能為自己畫一幅傳世之作。

第一位畫師以寫實著稱，他如實描繪國王的樣貌，畫得維妙維肖，傳神感人。但國王看後卻臉色大變：「我這麼殘缺，怎麼能傳給後人看！」一氣之下，竟把這位畫師處死了。

國王接著又召來第二位畫師。這位畫師聽說前一位被殺，不敢據實描繪，便把國王畫得四肢健全、相貌堂堂。國王看完更是惱怒：「這不是我，你是故意嘲笑我！」結果，第二位畫師也難逃一死。

第三位畫師來了，眼見兩位前輩皆因畫像遭殺，心中惴惴不安。他思索許久，終於靈機一動。他畫了一幅國王單膝跪地、閉上一隻眼正準備射箭的畫像。畫中姿勢自然，又英氣逼人，國王的殘缺全被巧妙地掩飾掉。

國王看後十分滿意，大為讚賞，賞賜了畫師重金，還將這幅畫定為正式的傳世畫像。

故事啟示

當處於進退兩難之局，不妨換個角度思考，用巧妙的方法尋求兩全其美的解法。真正的智慧，不是掩蓋真相，也不是直白衝撞，而是懂得在真實與美觀之間找到平衡點，既展現事實，又讓人心悅誠服。

吃相太貪的小鵜鶘

兩隻小熊捕完魚回家的路上，遇見了鵜鶘。

「小鵜鶘，我們今天抓了好多魚，」小熊熱情地說，「來我們家一起吃午餐吧，超豐盛的！」

鵜鶘開心地答應了，便跟著小熊回家。

「別客氣，儘管吃，」小熊們熱情款待，「魚很多呢，吃不完的。」

鵜鶘大快朵頤，沒過多久，桌上的魚就全被牠一個人吃光了。

「味道真好，我們好像還可以再吃點。你還想吃嗎？」一隻小熊客氣地問。

「當然！」鵜鶘張大嘴巴剛要回答，一條魚卻從牠嘴裡跳了出來。

「都撐成這樣了還想吃？」小熊們忍不住笑了，「剩下這條魚就送你了！」

從此，小熊們再也沒請過鵜鶘吃飯。而鵜鶘始終不明白，牠到底做錯了什麼。

故事啟示

當你眼中只有自己，就別怪別人不再把你放在心上。若不懂分享、不知分寸，最終失去的，只會是別人的信任與好感。與其抱怨，不如學著反省自己。

老校工的解法

某大學研究室碰上了一個難題：他們要了解一臺進口機器的內部結構，卻沒有任何說明圖或資料。這臺機器裡有一組由 100 根彎管構成的固定系統，要確認每一根管子的入口與出口位置，實在是一大挑戰。

研究室的負責人立刻召集團隊開會。他說明：這項任務不但時間緊迫，預算也有限，希望大家集思廣益，想出既簡單又有效的方法。

與會人員各自提出想法，有人建議往每根管子灌水，有人提議用光線測試，甚至還有人提出讓螞蟻或小昆蟲鑽入管內觀察。不過，這些辦法不是太複雜，就是費時費力。

這時，一位年長的老校工聽說此事，主動提出他的方法，只需要兩支粉筆和幾根香菸。他說，點燃香菸後大口吸一口菸，對著其中一根管子吹入煙霧，然後在吹氣的那一端標上「1」。同時請另一個人在出口那頭觀察，看到哪一根管子冒煙，就在那邊也標上「1」。如此反覆，兩小時不到，就把 100 根彎管的出入口全數對應完成。

故事啟示

最有效的辦法，往往就是最簡單的。只是我們常被慣性思維所限制，面對困難時總想著複雜的解法，反而忽略了眼前最直接的路。放下框架，換個角度思考，說不定解答就在其中。

忘了關門的籠子

有一天，動物園的管理員發現袋鼠竟然從籠子裡跑出來了，大家連忙開會討論，最後一致認為，是籠子的高度太低所致。於是，他們決定把原本 3 公尺高的籠子，加高到 6 公尺。

沒想到，隔天袋鼠們又全跑了出來。管理員只好再度加高籠子，這回提高到 10 公尺。但情況依舊，袋鼠依然全數逃脫。眼看問題無解，管理員一狠心，直接把籠子加高到 30 公尺。

這天，長頸鹿看到幾隻在外面蹦蹦跳跳的袋鼠，好奇問道：「你們覺得他們還會繼續加高籠子嗎？」

袋鼠笑著說：「很可能吧，只要他們一直忘了關門的話。」

故事啟示

解決問題時，若只從單一方向著眼，便容易陷入盲點。只有跳脫既定框架，從更多角度思考，才能真正找出問題的關鍵所在。

忠告不該當耳邊風

有一次，獵人捕捉到一隻會說七十種語言的鳥。鳥對他說：「放了我，我可以告訴你三條寶貴的忠告。」

獵人感到好奇，答應了。

鳥說：「第一，事情過了就不要後悔。第二，如果有人說了一件你認為不可能的事，就別輕信。第三，如果你明知道自己爬不上去，就不要白費力氣。」獵人覺得這隻鳥很有智慧，於是把牠放了。

鳥飛上了一棵高樹，回頭朝獵人大聲喊：「你這個笨蛋，你居然把我放走了！你不知道我嘴裡藏著一顆價值連城的巨大珍珠，正是它讓我變得如此聰明！」

獵人一聽，立刻把剛才的忠告拋在腦後，急著想把鳥再抓回來。他不顧體力不支，硬是往樹上爬，結果沒多久就摔了下來，還把腿摔斷了。

故事啟示

忠告是人生中難能可貴的智慧，不需要花錢卻價值非凡。聰明的人會聽進去並牢記在心，而糊塗的人則常把它當成耳邊風，結果吃虧的往往就是自己。

靈光乍現的浴室發現

在古希臘時期，阿基米德受國王所託，鑑定王冠是否摻有白銀。這頂王冠看似純金，但國王心生懷疑，於是命阿基米德想出辨別的方法。

阿基米德為此苦思冥想，始終沒有頭緒。直到有一天，他在家洗澡時，跳進浴缸的一瞬間，發現水立刻溢了出來。他忽然靈光一閃：當一個物體放入裝滿水的容器中，會排出等量的水，而這排出的水量正好與物體的體積相同。

他立刻想到，金子的密度比白銀大，同重量的金子體積較小。因此，如果把王冠與等重的純金分別放入滿水的容器中，兩者排出的水量若不同，就能判定王冠是否摻了其他金屬。

靠著這個靈感，阿基米德設計了實驗，成功地揭示了王冠的真相，也因此發現了流體靜力學中重要的原理 —— 後來被稱為「阿基米德定律」。

故事啟示

當我們面對難題一時無法解決時，不妨放下焦慮，轉移注意力。潛意識會持續整理我們的知識與經驗，當契機來臨，自然會觸發靈感，讓答案浮現。正如阿基米德在洗澡時意外發現定律般，有時，放鬆反而是突破的開始。

自知之明的提醒

一位知名歌手返鄉，收到國中同學的邀約，晚上八點到飯店聚會。這次她特地帶了近百張親筆簽名的新專輯，因為她知道，老同學若開口要，她絕不該拒絕。

當天她出門搭上計程車，司機是一位中年男子，問了目的地後便不再說話。歌手感到有點失落，心想：如果是在臺北，司機應該早就認出我了。

到了飯店，跳表是 460 元。她拿出 500 元，卻發現司機也沒零錢。她今天心情好，便說不用找了，也當作是對家鄉的一點心意。不料，司機堅持要去附近便利商店換錢。

眼看時間將近，她決定拿出兩張簽名專輯抵車資，並順口問司機是否認得她。沒想到司機淡淡地說：「認識，妳是唱歌的吧！」接著又說：「但我不喜歡聽歌，我都聽相聲。專輯就別給我了，車資就免了吧。」

正當她還愣著時，一位同學剛好抵達飯店，替她付了錢。

司機那一句「我不喜歡聽歌」讓她印象深刻。聚會時，她做了兩件事：第一，為遲到三分鐘向大家道歉；第二，主動繳交了聚會費用。

後來，這位歌手始終維持良好形象，沒有緋聞、依法納稅，熱心公益。她常說，自己忘不了那位計程車司機，因為那番話讓她知道：總會有人不喜歡你。那樣的提醒，如同一面鏡子，讓她保持謙卑，記得自己其實渺小得如塵埃，風一吹就不見了。

故事啟示

不論你多有名、多有才，總會有人不喜歡你。正是這些看似冷淡的態度，提醒我們別忘了保持清醒。真正的自信，來自於自省，而非高高在上的自我感覺良好。謙遜，才是長久被尊重的關鍵。

狐狸與烏鴉

有一天，一隻狐狸偷偷來到山腳下的村莊，發現村民正在晒醃肉，而且四下無人看守。牠悄悄偷了一塊肉，藏在一棵離房子不遠的大樹下，隨後又跑回去準備再偷第二塊。

就在狐狸離開的空檔，一隻站在樹上的烏鴉把狐狸藏好的那塊肉叼了起來，飛到樹上津津有味地啄食起來。

狐狸回來後，發現地上的肉不見了，猜測一定是被人或其他動物偷吃了。這時，牠看到地上掉落的幾塊肉屑，抬頭一看，只見烏鴉正站在樹枝上，嘴裡叼著牠剛剛藏起來的那塊肉，吃得正香。

狐狸頓時氣得跳腳，對著樹上的烏鴉大罵：「你這不要臉的傢伙，沒本事自己找吃的，專門偷別人的東西，還吃得這麼開心。你就是個下流無恥的東西，簡直該死！」

烏鴉吃了一口肉後，慢悠悠地回話：「照你這麼說，那你應該先去死。」

「我？為什麼？」狐狸瞪大眼睛質問。

烏鴉哈哈大笑：「因為這塊肉本來就是你偷來的啊！」

故事啟示

我們常常看得清楚別人的錯，卻看不見自己的過失。指責他人之前，別忘了先照照鏡子，反省自己。能夠先看見自己錯的人，才是真正有智慧的人。

勇於認錯的智慧

威廉在西爾公司擔任採購員期間，曾經犯過一個不小的錯誤。

公司有一項嚴格規定：採購人員不得超出配額。一旦配額用盡，就必須等到下次撥款，否則不得再下單。

某個採購季，威廉遇到一位來自日本的廠商，對方展示了一款設計新穎的手提包。憑藉多年經驗，他直覺這款商品將會大賣。然而，此時他的配額已經用完，讓他懊悔不已。他開始反思，若當初不是過度衝動、早早花光配額，現在就能把握這次難得的商機。

面對這情況，他有兩條路可選：一是放棄這筆潛力無窮的訂單；二是坦承錯誤，向主管申請追加預算。

他選擇了後者。一進主管辦公室，他就開門見山地說：「很抱歉，我這次判斷錯誤，配額用得太快了。」接著他詳細說明整個來龍去脈。

主管對他的用錢態度雖不滿意，但看見他的誠意與清晰分析後，仍決定撥出額外預算支持。

果然，這款手提包上市後廣受好評，成為當季熱銷商品，公司獲利豐厚，而威廉也從中學到了一堂重要的課：誠實面對錯誤，遠比掩飾更有價值。

故事啟示

犯錯並不可怕，可怕的是明知錯誤卻選擇逃避。坦然承擔責任，才有機會挽回錯誤、贏得信任，也可能因此創造新的轉機。

第八章

堅持到底，迎接成功的曙光

人生中很多事情，能不能做成、能做到什麼程度，關鍵往往不在於你有多大的本事，而是在於你是否擁有足夠的耐心，以及能否長時間堅持下去。

決心比答案更重要

阿智從小就夢想成為一名世界級的廚師。他在家裡的廚房裡開始練習，創造出許多讓家人驚艷的美食。然而，他的理想並不被大部分人看好。家人和朋友認為他的夢想過於遙遠，而且餐飲業競爭激烈，成功的機會極小。

阿智並不氣餒，他選擇離開家鄉，來到城市的一家名氣不大的餐廳工作，從最基本的洗菜、切菜做起。他經常對自己說：「我要學到真正的技藝，哪怕是最基礎的技術。」

幾年後，阿智終於學會了如何管理廚房、選材、調味，並且成為了餐廳的主廚。他開始自己創作新的菜品，慢慢地累積了一些名氣。但正當他對未來充滿信心時，他接到一位知名餐廳老闆的邀請，希望他能來該餐廳擔任主廚，並挑戰開創全新菜單。

然而，當他開始設計新菜單時，卻陷入了瓶頸。他的創新菜品一次次被批評為不合時宜，味道與餐廳的定位不符。每次的挑戰都讓他感到沮喪，甚至一度想放棄，重新回到原來的廚房工作。

有一天，正當他準備放棄時，他的母親打來了電話。母親告訴他：「記得你小時候說過的話嗎？你要不斷努力，直到達成你的夢想，不管路多麼崎嶇。」聽到這些話後，阿智重新振作起來。他決定不再受過去失敗的影響，繼續挑戰自己，改進菜單，並堅持自己的創意。

幾個月後，他的菜單終於完成並得到了客人的喜愛。隨著餐廳的成功，阿智也在餐飲界站穩了腳步，成為一位名副其實的餐廳大廚。

故事啟示

人生就像一場考驗，考的未必只是技巧，更是態度。當你選擇堅持下去，也許下一刻就會是轉機。永不言棄，正是最珍貴的答案。

等待奇蹟的耐心

有三個人因為行善積德，先知決定給他們每人一個尋寶的機會。

先知說：「在沙漠深處，有個地方埋藏著寶藏。你們只要堅持等到第九九八十一天，寶藏就會自動從地底浮現。」

三人聽了欣喜若狂，立刻出發前往沙漠。

第一位是善事做得最多的人，他最早抵達指定地點。沙丘綿延無邊，只有一汪小泉，什麼寶藏的影子都沒有。第一天，他還興奮地等待。到了第三天，他開始覺得孤單無聊；一週後，他開始對著空氣說話解悶。兩週過去，他的獨白變成抱怨。不到一個月，他終於忍不住逃離沙漠，邊跑邊咒罵：「這是要逼瘋人啊！」

第二位抵達的人，做善事次多，但準備得更周全。他帶了許多書和信來打發時間。他刻意不去計算天數，而是埋頭苦讀。但當他把書和信反覆讀了三遍，寶藏仍未出現。他開始焦躁、厭倦，最後也選擇放棄。

第三位也是善事做得最少的人，卻出奇地有耐性。他什麼也沒帶，只是在到達後坐下來開始想像寶藏出現的模樣。他幻想著寶藏冒出地面的樣子、閃閃發亮的場景，每個細節都細細揣摩。一個月就這樣在幻想中過去了。

接著，他回憶起自己的人生，每一個片段、每一個情感波折，他一一細細回想。這些回憶讓他深陷思索，也讓他忘了時間。就在他準備再次回顧人生的時候，地面忽然裂開，寶藏緩緩升起。

故事啟示

耐心，是穿越困境的關鍵。很多人急著看到成果，卻撐不到終點；真正的成功者，是那些願意在等待中磨練心志的人。如果你無法忍耐等待成功的過程，就得用一生忍受失敗的結果。

成功，就在再撿一塊的距離

為了尋找寶石，有個人在河邊努力了很久。日復一日，他翻找石頭，直到整個人筋疲力盡、全身痠痛，連手也快抬不起來了。

他坐在河床上的石塊上，對同伴說：「我已經撿了九萬九千九百九十九塊石頭，還是找不到寶石。我真的撿不下去了。也許這就是命吧，好不容易鼓起勇氣做一件事，最後卻什麼也沒得到。」

他的同伴笑著回道：「那你不如再撿一塊，湊個十萬吧。反正多撿一塊也不會讓你更累，少撿一塊也不會讓你輕鬆些。」

那人無奈地閉上眼睛，隨手從旁邊撿起一塊石頭，說：「好吧，這就是最後一塊了。」

他拿在手中，感覺到這塊石頭比平常的重了一些。他睜開眼一看，驚呼出聲 —— 那竟是一塊價值連城的寶石。

故事啟示

許多人倒在看似失敗的前一刻，殊不知成功正準備出現。別放棄，也許，再撿一塊，就是你夢想成真的時刻。

成功，只差那一步

電話是誰發明的？多數人都會不假思索地回答：美國發明家貝爾。然而，很少有人知道，在貝爾之前，還有一位科學家曾為研發電話做出重大貢獻，那就是萊斯。

萊斯曾研製出一種傳聲裝置，能用電流傳送音樂，卻無法傳送語音，也無法讓人們真正交談。這套裝置之所以不實用，除了技術限制外，最關鍵的問題竟是一顆螺絲少旋緊了半圈，約莫五毫米。

後來，貝爾在萊斯研究的基礎上加以改進。他一方面改採直流電來穩定通訊品質，解決了聲音斷續和變化太大的問題；另一方面，則把萊斯裝置裡那顆螺絲往內旋緊了半圈。這微小的動作，卻創造了歷史。

貝爾的調整，讓原本無法通話的傳聲裝置搖身一變，成了實用的電話。面對這個突破，萊斯驚訝不已，內心更是五味雜陳。他忍不住感嘆道：「我在離成功只有五毫米的地方放棄了，這教訓我一輩子都不會忘。」

故事啟示

成功有時只是一步之遙，也可能遙不可及。有些人眼看就要成功，卻在最接近的那一刻選擇了放棄；也有些人憑藉堅持到底，在細微之處找到了突破點。失之毫釐，差之千里，唯有堅持到底，才能真正走向成功的彼岸。

勇敢才有改變的可能

傑克總是渴望成功，卻因為過度害怕失敗，總是選擇最保險的方式過日子，從來不敢踏出自己的舒適圈。有一天，他遇見了一位水手，兩人聊起了各自的生活。

傑克問：「你為什麼會選擇當水手？」

水手回答：「因為我熱愛大海，而且我們家世代都嚮往大海的生活。」

傑克驚訝地追問：「所以你祖父也是水手嗎？」

水手點點頭：「沒錯，我祖父就是在大海上過世的。」

傑克一臉擔憂：「那你父親呢？」

水手平靜地說：「我父親也一樣，是在大海裡走的。」

傑克睜大了眼睛：「那你還敢出海？你是獨子嗎？」

水手搖搖頭：「我還有一個哥哥，但他三年前也在海上過世了。」

傑克皺起眉頭說：「如果我是你，我肯定永遠不會再靠近大海一步！」

聽到這裡，水手轉頭望向他，反問道：「那你祖父是怎麼過世的？」

傑克答：「在床上。」

「你父親呢？」

「也是在床上。」

水手淡淡地笑了：「那如果我是你，我恐怕再也不敢躺上床了。」

說完，水手便轉身離去，留下傑克呆站在原地。

幾年後，傑克又遇見了這位水手。

水手熱情地打招呼：「嘿，你最近過得怎麼樣？」

傑克苦笑說：「還是老樣子。」

水手拍拍自己的肩膀：「我這幾年雖然遇過不少危險，但也因此學到了許多事。現在，我已經是一名船長了。」

說完，他再次啟程，留下一臉錯愕的傑克站在風中。

故事啟示

若只顧著避開風險，人生將止步不前。沒有一條成功的道路是毫無風險的，唯有鼓起勇氣、勇於冒險，才能累積經驗、迎來突破。害怕失敗，不過是讓自己錯失成長的機會；而敢於出發的人，才能真正迎向屬於自己的成功。

多一次努力的距離

有一對來自鄉下的姐妹，為了追求更好的生活，一同來到都市打拚。輾轉之下，她們終於在一家禮品公司找到業務員的工作。兩人沒有固定客戶、也沒有任何人脈，只能每天提著沉重的樣品箱，沿著都市的大街小巷挨家挨戶拜訪推銷，樣品裡裝著鐘錶、茶杯、檯燈和各式各樣的工藝品。

一個多月過去了，她們跑得腿酸，卻連一個鑰匙圈都沒賣出去。連連的挫敗讓妹妹漸漸失去信心，她終於對姐姐說，她不想再做這份工作了，想辭職重新找出路。姐姐勸她：「剛開始本來就辛苦，再堅持看看，也許下一次就成功了。」但妹妹還是決定離開，並不願再浪費時間。

第二天，兩人一同出門：妹妹開始尋找新的工作機會，而姐姐依然背著沉重的樣品箱，繼續推銷她的工藝品。傍晚時分，兩人一同回到租屋處，心境卻大不相同。妹妹找了一整天仍毫無收穫，姐姐卻帶回人生中的第一張訂單。

原來，姐姐前前後後跑了四次的一家公司，剛好要辦一場大型會議，決定向她訂購兩百五十套高級工藝品作為贈禮，總價超過一百萬元。這筆訂單讓姐姐拿到了十萬元的業績獎金，也成為她銷售生涯的轉捩點。從那之後，姐姐的業績持續成長，訂單接連不斷。六年後，她不但開著自己的汽車，也在市區買下三十幾坪的房子，還創立了自己的禮品公司。

反觀妹妹，這幾年來工作換了好幾個，始終沒有找到合適的方向，生活還得仰賴姐姐的資助。終於有一天，妹妹忍不住問姐姐：「妳怎麼能這麼成功？到底祕訣是什麼？」

姐姐微笑著回答：「其實啊，沒有什麼祕訣，我只是比妳多努力了一次。」

故事啟示

成功與失敗之間，往往只差那「一次」努力。那怕是一小步，當你選擇再試一次，堅持一下，也許就能踏上完全不同的命運之路。很多時候，撐過最後那一道關卡的人，並不比別人更幸運，只是他願意再多走一段，再多等一下。成功，不過是比別人多堅持一點點。

堅持到最後的榮耀

有一位年輕人叫卡洛斯。他生長在貧困家庭，家裡並沒有什麼特別的背景，也無法提供他太多的資源。然而，卡洛斯心中一直想成為一名著名的鋼琴家。他從小就愛上了音樂，但因為家境的緣故，他只能靠著當地老舊鋼琴學習，甚至只有夜晚能找到練習的時間。

他的音樂之路並不順利。每當他走進比賽場地，總能感受到來自對手和觀眾的目光。卡洛斯並不擅長面對那些批評和懷疑的眼光。每當他在比賽中失利，他都會感到自己的夢想離他越來越遠。有一天，他站在音樂學院的臺上，聽著自己的表演未能引起任何轟動，他對自己產生了極大的懷疑。

然而，他無法輕易放棄自己的夢想。卡洛斯記得年少時父親告訴過他的一句話：「無論面對多少次的失敗，你的心中要始終燃燒著一顆不放棄的火焰。」

卡洛斯決定再次站起來，不再讓那些失敗定義自己的未來。他的訓練更加刻苦，幾乎每天都練習 12 個小時，甚至在風雨中也會練習。為了尋找新的突破，他拜訪了世界各地的名師，向他們請教音樂的精髓和技巧。那些名師並不輕易給他機會，但卡洛斯卻不斷努力，直到有一天，他終於得到了某位著名音樂家的肯定，並被邀請參加世界級的音樂大賽。

比賽的當天，卡洛斯在舞臺上盡情揮灑自己的才華。他的演奏不僅打動了評審，更感動了臺下的觀眾。當他完成最後一個音符時，全場爆發出熱烈的掌聲和歡呼。他知道，這不僅是一次勝利，而是對自己堅持不懈努力的回報。

故事啟示

在面對挫敗時，多數人選擇放棄，少數人選擇堅持。而那些最終能夠改寫命運、實現目標的人，往往就是這些選擇堅持的少數。唯有撐過最低谷，才有可能迎接最燦爛的陽光。真正強大的人，不是從不跌倒的人，而是即使跌倒也願意站起來再跑一次的人。

聽信閒言，誤了自己

餓了好幾天的狼外出覓食，走了一整天，卻什麼也沒找到。正當牠又餓又累、垂頭喪氣地準備回巢時，突然聽見不遠處傳來小孩淒厲的哭聲。牠頓時精神一振，循著聲音悄悄靠近。

原來是一戶農家的孩子正在大哭，屋裡的老太太正在哄他。狼偷偷觀察了一下，只見那家門窗緊閉、毫無破綻，牠正感到失望時，耳邊傳來老太太的一句話：「別再哭了！再哭我就把你丟出去餵狼！」

這話讓狼欣喜若狂，心想：天底下哪有這麼好的事？餓了幾天，終於等來了晚餐！牠立刻在門邊找了個隱蔽處，屏氣凝神地等著那扇門打開。

一等就是半天，太陽眼看就要下山了，門卻依然紋風不動。狼開始懷疑，心裡暗暗嘀咕：「怎麼還沒把孩子丟出來？」牠不甘心，偷偷靠近窗下想探個究竟，正打算開口提醒那位老太太時，屋裡忽然又傳來一句話：「寶寶乖，不哭了。如果狼來了，外婆就把牠宰了，煮肉給你吃。」

狼聽到這話，差點沒嚇破膽。牠立刻掉頭就跑，跑得氣喘吁吁，直到很遠很遠才停下來喘氣。

這時，一隻狐狸從林中走出來，看到狼滿臉驚恐的模樣，感到好奇：「怎麼啦？你這副模樣，是見鬼了嗎？」

狼喘著氣說：「別提了，那家農戶的老太婆太可怕了！先說要把孩子丟給我吃，讓我白等半天，接著又說要把我宰來煮給小孩吃。我還能不逃命嗎？」

狐狸聽了，搖搖頭，笑著走開了。

故事啟示

輕信他人的隨口之言，往往會讓自己陷入誤判，錯失判斷局勢的最佳時機。真正成熟的人，不應讓自己的行動建立在他人模糊不清的承諾之上，而應該依憑理性與判斷堅定自己的立場。要避免成為他人口中空話的犧牲者，就必須學會聽話，更要學會辨話。

跌倒一百次也要站起來一百零一次

美國第 16 任總統林肯，是歷史上公認的偉大領袖之一。他領導美國度過南北戰爭，廢除奴隸制度，重建國家秩序。然而，相較於他在政壇上的輝煌成就，他在面對人生苦難時展現的堅毅與韌性，更加令人敬佩。

西元 1809 年，林肯出生於一個貧困的伐木工人家庭，自幼家境清寒。7 歲時，因付不出地租，全家被趕出家門，從此林肯便提早承擔起家庭的責任。9 歲那年，他摯愛的母親病逝，讓他在年幼時便體會失親之痛。

22 歲，他第一次創業失敗，生活陷入窘境。23 歲，他參選州議員落選，同年又失業、報考法學院也未能如願。24 歲再次經商，不但再次失敗，還背負鉅額債務，直到 16 年後才還清。儘管生活如此艱辛，他依然沒有選擇放棄。25 歲時，他再度參選州議員並順利當選，總算稍有起色。然而，命運似乎總愛開玩笑，26 歲那年，他準備迎娶的未婚妻突然過世，讓他悲痛欲絕。27 歲，他身心俱疲，臥病在床達半年之久。

此後的幾年，他不斷嘗試參選公職：州議員發言人、選舉人、國會議員、土地局局長、參議員、副總統……但大多以失敗收場，累計多達十餘次。他也長期深受憂鬱症折磨，婚姻生活並不美滿，卻始終咬牙堅持，不言放棄

直到西元 1860 年，51 歲的林肯終於當選為美國總統，寫下歷史新頁。這一年，他站上了人生最高的舞臺，但背後是一條遍布荊棘的路，每一步都是在失敗中走出來的。

當有人問他為什麼從不氣餒，他笑著說：「我只是跌倒了，並沒有死啊。那為什麼不能再爬起來呢？」

林肯的一生，是跌倒與再起的經典寫照。真正的成功，不在於你多有天分，而在於你是否能一次又一次地從失敗中站起來。但一個人若是失去志氣，便再無轉圜餘地。

故事啟示

我們無法選擇命運是否給我們順遂的人生，但我們可以選擇以怎樣的態度面對困境。唯有永不放棄，成功終將屬於你。

咬牙撐過風雨的領航者

托馬斯·約翰·華生（Thomas J. Watson）出身於美國一個貧窮的家庭，自小便沒接受太多教育。為了幫助父母分擔經濟壓力，他在十七歲那年就外出工作。

他的第一份工作是推銷商品，週薪僅有 12 美元。不久，有人告訴他，其實推銷員大多是靠傭金賺錢，而不是領固定薪水。華生覺得被矇騙了，便毅然辭職。之後，他轉而幫一位推銷員當助手，收入也還不錯。兩人後來合夥開了一家小店，華生懷抱著打造零售王國的夢想。然而夢想還沒起飛，這位搭檔竟捲款潛逃，讓華生瞬間破產。

但他並沒有因此放棄。華生另謀出路，進入一家銷售收款機的公司。第一次嘗試推銷便慘遭滑鐵盧，但他並未因此氣餒，反而持續磨練自己。一年過後，他就成為區域最出色的銷售員。

接著他晉升為公司銷售部經理，在他的帶領下，業績屢創新高。但沒想到，在他事業看似即將登頂之際，卻因遭人陷害而被公司解雇，離開了自己奉獻多年的職場。

當時他已年近四十，但這場打擊並沒有讓他就此倒下。在朋友引薦下，華生來到國際商業機器公司（即後來的 IBM）前身任職。

初到公司時，他遭到不少資深員工的冷眼與排擠。然而他選擇低調忍讓，一點一滴地用實力證明自己。他不僅忍辱負重撐過十年，更以堅毅的個性、優異的管理能力與遠見，最終獲得全體的尊重與信賴。

隨著時間推進，這家公司逐步壯大，而華生也走上事業高峰，成為美國商界的傳奇人物之一。

故事啟示

一個人若對自己的人生方向足夠堅定，挫折就不再是打擊，而是歷練。正如華生在逆境中所展現的意志力，讓人明白：只要方向正確，再大的風雨也終將被熬過。真正的成功，是撐過那些沒人看見的低谷後，才閃耀的光芒。

烘出夢想的香氣

黛比在家裡排行第五，有六個兄弟姐妹。雖然她不認為自己是個笨蛋，但相比其他人，她的確顯得平凡無奇。兩個哥哥學歷高，兩個姐姐精明幹練，妹妹聰明伶俐，弟弟反應快又機靈。黛比唯一的優勢，大概就是嫁給了一位事業有成的高階主管，衣食無虞。然而，過度平靜的生活讓她逐漸感到空虛。

「我想工作，不能再這樣下去了！」她不安地對丈夫說。

「妳不是過得挺好嗎？還想怎樣？」丈夫一臉困惑。

「我要開一家餅乾店！」她斬釘截鐵地回應。

這個想法看似衝動，卻並不毫無根據。因為黛比雖不擅長其他事，但她的烘焙手藝在家族中可是數一數二的。然而，就連最親近的丈夫也潑她冷水：「黛比，這想法太天真了，餅乾店很難經營，妳會失敗的。」

「你們為什麼都這樣說？你知不知道，我差點就信了你們的話！但不試試看，怎麼會知道行不行？」在不斷的勸說下，丈夫終於答應資助她創業。

餅乾店開張那天，場面冷清得讓人洩氣，一整天都沒有一位顧客上門。黛比看著滿滿的餅乾，心裡一陣打擊。「難道真的要收攤了嗎？」她低頭自語。但轉念一想，與其等餅乾過期，不如送出去。於是，她鼓起勇氣站在門口，微笑著把餅乾遞給過路人品嚐。

意外的是，大家吃完後都豎起大拇指讚不絕口，紛紛問她餅乾在哪裡買。黛比這才明白，自己需要的，只是一個開口行動的契機。漸漸地，店裡開始有人潮，口耳相傳後，生意一天比一天好。

今天，「黛比．菲爾斯」這個名字已成為美國家喻戶曉的食品品牌，她原本的小店「菲爾斯太太餅乾屋」也搖身變成全國連鎖的食品企業。那個曾被視為「笨孩子」的黛比，如今成為自信、果敢、閃閃發亮的創業女強人。

故事啟示

在人生的十字路口，別人的質疑或許讓你裹足不前，但真正決定你能否成功的，是你是否敢邁出第一步。只要你有自信、有勇氣，就算從送出一塊餅乾開始，也能打開一段令人驚嘆的傳奇。

不放棄夢想的童話之父

安徒生出生於一個貧困家庭，父親是一位鞋匠，在他年紀尚小時便過世，留下他與母親相依為命地過日子。儘管家境困難，安徒生卻從小就懷抱著夢想，渴望能進入戲劇界大展身手。

某天，他與一群孩童獲邀前往皇宮覲見王子。安徒生懷抱希望地在王子面前唱歌朗誦，希望藉此得到賞識。表演結束後，王子溫和地問他是否需要幫助，安徒生充滿自信地回答：「我想寫劇本，並在皇家劇院演出。」

王子打量著這位長相平凡的小男孩，語重心長地勸說：「背誦劇本是一回事，寫劇本又是另外一回事，我勸你還是去學一門有用的手藝吧！」這句話如同當頭棒喝，但安徒生沒有因此退縮。

相反地，他做了一個重大決定 —— 打破自己的存錢罐，向母親道別，隻身前往哥本哈根，踏上實現夢想的旅程。

初到哥本哈根的安徒生四處碰壁，沒人願意理會他。他靠微薄的生活費度日，卻從未動搖過追夢的決心。他持續創作史詩與小說，雖然作品無人問津，他仍堅持不懈。

直到後來，他偶然寫下幾篇童話故事，卻意外引發兒童讀者的熱烈迴響。這年，他三十歲。自此，〈國王的新衣〉、〈醜小鴨〉等故事陸續誕生，深受世人喜愛，至今仍是無數孩童心中的經典讀物。

故事啟示

成功不在於起點高低，而在於跌倒之後是否還願意站起來，繼續前行。

堅持自我風格的勇氣

莉亞出生在紐約市的一個普通家庭，卻擁有一顆不安分的心。在她的世界裡，人人都有自己的角色，而她始終拒絕屈從於這些規範。她的家人、朋友甚至學校的老師都試圖讓她像周圍的其他人一樣，但莉亞從不輕易妥協。

從小，她對時尚有著自己獨特的看法，並把它變成了她的表達方式。她經常穿著自己設計的服飾，搭配大膽的顏色和圖案，並且喜歡佩戴各種自己手工做的小飾品。這些造型讓她在學校裡成為了焦點，同時也讓她成為了被嘲笑和指指點點的對象。

有一次，莉亞參加了一個學校的舞會，當時她穿著一件自製的紅色皮革外套，搭配鮮豔的藍色圓裙，整體風格非常前衛。當她出現時，幾乎所有人都停下了腳步，並開始竊笑。然而，莉亞依然昂首闊步，毫不在意旁人的眼光。她的目標是享受當下，而不是迎合他人對她的期待。

這種堅持自我的態度源於她母親的教誨。母親經常告訴她：「生活中，最重要的是妳自己。做妳自己，這樣妳才能夠走得更遠。」這句話深深印在了莉亞的心中，成為她日後的座右銘。

莉亞的勇氣最終在她步入職場後展現出來。她成為了一名服裝設計師，並迅速成為業界新星。然而，她的設計風格並不迎合主流市場，很多時候她的作品被認為過於大膽，甚至古怪。

即使如此，莉亞從未妥協，她堅持自己的設計理念，並且從不在乎別人是否理解她的創意。

有一次，一位知名時尚評論家批評她的最新作品太過「反叛」，認為這樣的設計無法在大眾市場立足。然而，莉亞並沒有因為這樣的批評而改變自己的風格。相反，她將這一切視為一種鼓勵，讓她更加堅定地走自己的路。

隨著時間的推移，莉亞的風格逐漸被越來越多的人接受，並成為了時尚界的標誌。她的設計不僅獲得了業界的認可，也被無數年輕人模仿。她的個性、勇氣和創意讓她成為了一個時尚偶像。

如今，莉亞的品牌已經成為全球知名的服裝品牌，她的設計風格不僅影響了一代人，還改變了時尚界的格局。她的故事告訴我們，堅持自己的風格和信念，即使在困難和挑戰面前，也能夠創造出屬於自己的奇蹟。

故事啟示

你可以選擇隨波逐流，也可以選擇與眾不同。但若你選擇了後者，就必須有承受異樣眼光與批評的勇氣與堅韌。真正的自我，是在壓力下依然閃耀的個性。堅持自我，雖然不容易，卻值得尊敬。

無懼譴責的信仰之路

英國的福音傳播者懷特菲爾德，曾在追求傳道使命的過程中，遭遇了無數來自輿論與世俗的打擊。他的理念與信仰並不被當時大眾所理解，甚至受到來自各界的反對與敵視。教會拒絕接納他，教堂對他關閉大門，連他居住的城鎮也將他驅離。

儘管如此，懷特菲爾德並未因此退縮。他選擇走上街頭與鄉間，繼續不懈地傳播他的信仰。他的敵人甚至雇人對他投擲爛泥、臭雞蛋、腐爛的蔬菜與動物屍體，甚至還曾多次用石頭砸他，令他頭破血流、遍體鱗傷。

即使如此，來自上流社會的輿論壓力、嘲諷與不解，都無法動搖懷特菲爾德內心的信念。他堅信自己所做的是正確而有益大眾的事業，並以強韌的精神力繼續推動他的使命。

最終，他的堅持贏得了社會的尊重，他所傳播的福音也被更多人接受與信仰。他以行動證明：真正的信仰不怕孤立無援，也不懼萬難險阻，只要堅定信念，終能走出屬於自己的一條光明之路。

故事啟示

生活中的難關、排擠與嘲諷，往往只是考驗我們意志的過程。要成為生活中的強者，首先得鍛鍊自己成為精神上的強者。無論遭遇多大的困境與反對，只要信念堅定，勇往直前，成功終將為堅持不懈者而來。

永不退縮的銷售奇蹟

一位十八歲的大學生，在暑假期間進入保險公司擔任保險單銷售員。他時常以卡內基的自我激勵名言鼓舞自己，期盼能在短短的工作期間創造出亮眼的成績。在兩週的訓練中，他學會了不少銷售技巧與心態調整，也立下目標：一週內完成一百份保險單的銷售，贏得公司的獎勵。

到了星期五晚上，他已經成功地銷售出八十份，離目標只差二十份。雖然他的同事多半選擇週末休息，他卻毫不遲疑地在星期六一早重返街頭。即使到了下午三點，一筆交易都沒完成，他依然堅信：決定交易成敗的，是銷售員的態度，而不是運氣。

他突然想起卡內基的經典語句，便在街頭反覆默念：「我覺得健康，我覺得愉快，我覺得大有作為。」這句話為他注入了新的能量。到了下午五點，他完成了三筆交易，目標又拉近了一步。他再次以滿腔熱情鼓勵自己，繼續堅持下去。

當晚上十一點來臨時，雖然身心疲憊，但他滿心歡喜。那天，他總共完成了二十筆交易，剛好達成目標，也獲得了應得的獎勵。更重要的是，他明白了一個簡單卻珍貴的道理：只要不放棄，失敗就能轉化為成功。

故事啟示

每個人心中都曾有過恐懼和懷疑，但唯有不讓心志死去，才能走出屬於自己的成功之路。真正的信念不只是口頭說說，而是身體力行地堅持到底。只要你願意相信自己、堅持到底，離成功就只差一步之遙。

被淘汰的第一名

某年，松下電器公開招募一批基層管理幹部，經過筆試與面試的層層篩選，數百位應試者中只剩下十位最優秀的人選。其中一位名叫神田三郎的年輕人，在各方面的表現都堪稱出類拔萃，不僅才智過人、談吐流暢，舉止得體，更是十人中最令人矚目的焦點。

第三天，當錄取名單送到松下幸之助的辦公桌上時，他驚訝地發現：名單中竟然沒有神田三郎的名字。他立刻詢問助手：「那個神田三郎怎麼沒被錄取？我印象中他非常不錯啊。」

助手聽聞後也感到意外，隨即回辦公桌調閱資料，才發現原來是電腦發生排序錯誤，將錄取名單的分數與名字對錯了。

依照松下的指示，助手當天便補發了錄取通知書。

然而，時間一天天過去，神田三郎卻始終沒有前來報到。松下感到疑惑，難道對方覺得松下電器不夠理想？他指示助手前往探查，結果等來的卻是一個震撼人心的消息。

助手回來後告訴他：神田三郎在得知自己未被錄取後，情緒無法承受挫折，竟在一週前選擇了跳樓自盡。

松下聽聞後沉默良久，氣氛一時凝重。助手嘆了一口氣說：「真是可惜啊！這麼優秀的年輕人，居然沒能錄取。」

然而，松下卻神情嚴肅地回答：「不！我反而慶幸我們當初沒有錄取他。這樣一個無法面對失敗的人，就算再有能力，也無法勝任管理工作，更不可能帶領團隊面對未來的挑戰。」

故事啟示

真正的強者，不是從未失敗過的人，而是能從失敗中站起來的人。人生難免遭遇打擊與挫折，唯有意志堅定、不輕言放棄的人，才有能力走得長遠。太過脆弱的心靈，不僅難以承擔責任，更可能在關鍵時刻成為團隊的破口。成功從來不是一場短跑，而是能夠持續前行的馬拉松。

德莫森的逆轉人生

古希臘有一位年輕人，自幼因口吃而性格內向、羞怯。父親過世後，留給他一塊珍貴的土地作為未來生活的保障。但當時希臘的法律規定，繼承人若要主張財產權，必須在公開的法庭辯論中勝出，才能真正擁有該筆遺產。

年輕人雖然擁有合法繼承權，卻因口吃與膽怯，在庭上無法清楚表達，最終辯論失敗，土地也隨之被奪走。

這場失敗對他來說無疑是沉痛的打擊，但他並未就此消沉。他反而將失敗視為轉機，立志克服自己最大的障礙——說話。他每日對著海浪練習發音，嘴裡含著小石子訓練發聲，甚至將劍懸在天花板上，只為矯正駝背與抬頭的姿勢。他也經常躲進山洞反覆練習演講內容，只為讓自己的聲音有一天能夠清晰而有力。

多年苦練之後，他不僅克服了口吃，還成為希臘史上最偉大的雄辯家之一。他的演講振奮人心，對抗馬其頓帝國的演說更流傳後世。他的名字——德莫森（Demosthenes），也因此永遠銘刻在人類的記憶中。

反觀那位奪走他土地的人，歷史早已將其遺忘。

這個世界上沒有任何東西能取代「堅持」的力量。天賦再高、教育再好，若缺乏毅力，一切都只是空談。真正能夠穿越困境、抵達成功彼岸的，是在逆境中仍選擇不放棄、不屈服的決心。

故事啟示

真正的強者，不是天生擁有完美條件的人，而是那些即使身處黑暗，也願意點亮自己、照亮世界的人。

三年一度的競賽

某所國中三年才舉辦一次的足球隊員選拔正式開跑。全校上百名學生報名參加，想要爭取進入足球校隊的機會，而入選條件是：在操場上跑完十圈，並且必須進入前 11 名。

當比賽進行到第三圈時，一名小男孩突然摔倒在跑道上，原來是腿部抽筋了。場邊的同學都以為他會就此退出，沒想到他僅僅揉了腿不到十秒鐘，便咬牙站起來繼續往前奔跑。

來到第五圈時，他再次出狀況，只見他抱著肚子不停嘔吐。眾人紛紛為他捏把冷汗。令人驚訝的是，他只是簡單擦了擦嘴角，又回到了賽道上。

到了第十圈，這位一路跌跌撞撞的小男孩已經超越許多人，跑進了前二十名。然而，在最後的幾圈，他又因體力不支而癱靠在一棵大樹旁，大口喘著氣，彷彿下一秒就會昏倒。眾人都認為他再也撐不下去了，卻沒想到他僅休息幾秒鐘，又毅然回到跑道。

最終，他以第 11 名的成績闖進了校隊，成功爭取到僅有的資格。

這個從頭到尾都看起來最虛弱、最容易被淘汰的男孩，為什麼能夠成功入選，而那些身體明顯更強壯的選手卻中途放棄了？

面對大家的好奇，小男孩平靜地說：「因為我只有這一次機會。我們家族有遺傳性的腿部疾病，到了十七歲就會發作。這是我人生中唯一一次可以參加足球校隊的機會。如果我這次失敗了，就再也沒有下次了。」

原來，那些失敗的強者，是因為知道自己「還有下一次」；而他之所以能堅持到最後，是因為他深知這是「唯一的一次」。

故事啟示

人生有時不是看誰跑得快、跳得高，而是誰能咬牙堅持到最後。若一開始就為自己預留後路，心裡總覺得還有「下次」，那麼你很可能永遠等不到真正的成功。而一旦你相信「只有這一次」，你就會用盡全力，義無反顧。正是這份全力以赴，才是通往成功最關鍵的力量。

成功來自堅持的敲擊

一位被譽為金牌推銷大師的男人，在結束其輝煌的推銷生涯後，舉辦了一場經驗分享會。這場會議吸引了全國保險業界超過五千位精英齊聚一堂，會場氣氛熱烈，眾人無不期待他揭示成功的祕訣。

當大家蜂擁提問：「您是如何成功的？」、「您有什麼推銷技巧可以分享嗎？」這位大師卻只是淡淡一笑，沒有立刻回應。

接著，幾位壯漢合力將一顆巨大的鐵球搬上講臺。會場立刻靜了下來，眾人屏息以待這場精彩演講的開始。

然而，大師並未開口說話，只是慢條斯理地拿起一支小鐵錘，輕輕敲了一下大鐵球。鐵球毫無動靜。五秒後，他又敲了一下。再過五秒，又是一擊。

這樣的動作，一下又一下，始終如一。會場的觀眾開始面面相覷，逐漸有人露出不耐。數十次的敲擊後，有些人開始站起來離開，一邊抱怨：「這就是我們花高價來聽的演講？根本是場鬧劇！」

半小時後，五千多人的會場，只剩下幾百人還留在座位上。此時，大師仍持續地敲著鐵球。突然，大鐵球開始微微晃動了。眾人目不轉睛，眼前的景象令人震撼。那顆龐大的鐵球漸漸搖晃得越來越劇烈，終於無人能阻擋它的動能。

大師這時才緩緩放下鐵錘，清清喉嚨說道：「這就是我的成功祕訣 —— 耐心與重複。」

話音剛落，會場響起熱烈掌聲，久久不息。

故事啟示

成功並不是一蹴可幾的奇蹟，而是持續、穩定且充滿耐心的努力所累積而成。就像一次次看似無效的敲擊，最終將力量滲透到內在，使成果自然而然顯現。當多數人選擇放棄，你若能再多堅持幾次，也許成功就在下一擊。只要你願意不斷重複那些有意義的行動，終有一天，命運會因你而改變。

勇敢點亮心中的燭光

在一個陰沉的冬日，瑪莉亞來到一個安靜的小村莊。她的心情和天氣一樣沉重，身處於婚姻失敗的痛苦中，她的心彷彿被沉重的雲霧籠罩。她覺得自己的人生已經走到了盡頭，無論做什麼都無法改變眼前的困境。這時，她在村莊的教堂旁發現了一個奇特的墓碑，上面刻著一句話：「即使全世界的黑暗將我吞噬，我的光芒依然屹立。」這句話如同一道閃電，劃破了她的心頭。

瑪莉亞將這句話抄在紙上，帶回了她的小屋。她試圖理解這句話的深意，並希望能找到自己的出口。那天夜晚，她無數次地翻來覆去，思考著這句話的來源。她無法入眠，思緒翻騰，最後決定回到教堂尋找答案。

當她再次站在那塊墓碑前，她遇到了一位年長的牧師。他告訴她，這句話是當地一位年輕人留給世界的。他曾是村莊的一位教師，因為一次車禍永遠離開了人世。那位年輕人雖然身患重病，但始終以正面的心態面對生活，他的精神影響了整個村莊。他的一生並不長，但他教會了所有人，即使在困境中，也能找到一絲光明。

牧師講述的故事讓瑪莉亞深受啟發。她意識到自己過於沉溺於過去的傷痛，而忽略了生活中的美好與希望。她回到家後，開始重新審視自己的生活，試圖釋放過去的陰霾。儘管她依然面對著不少挑戰，但她學會了以正面的心態去應對。

幾個月後，瑪莉亞決定將自己的經歷寫成一本書，分享她如何在低谷中重新站起來，尋找生活的光亮。這本書在出版後，激勵了無數人，也讓瑪莉亞發現了自己的價值。她終於明白，無論人生多麼困難，若能堅持不懈，總能在黑暗中找到一絲光芒。

故事啟示

無論多麼渺小，只要我們心中擁有光明，就能照亮周圍的世界。堅持自己的信念，無論遭遇什麼困難，只要勇敢地面對，就能戰勝黑暗，點亮希望的火焰。

沒有不曾受傷的船隻

在西班牙巴賽隆納的港口城市，有一家大型的造船廠，這家工廠歷史悠久，並且設有一個專門的陳列室，展示該廠出產的各類船舶模型。該陳列室展示了將近 10 萬艘船的模型，這些模型的大小、形狀、設計各不相同，充分體現了造船的精湛技藝。然而，真正讓人震撼的並不是模型本身，而是每個船舶模型上刻著的歷史故事。

例如，一艘名為「西班牙公主」的船模型，記錄著它的航行歷史。這艘船經歷了無數艱難險阻，它曾經 137 次遇到冰山、116 次觸礁、27 次遭遇海上風暴將桅杆扭斷、21 次因為故障拋錨擱淺、13 次遭到海盜搶劫、9 次與其他船舶相撞。然而，這艘船從未沉沒，始終堅強地航行著。

在這些模型的背後，有一個深刻的結論：每艘船都有它自己艱難的歷程，每艘船的歷史中都充滿了傷痕和挑戰。該造船廠成立幾百年來，生產了近 10 萬艘船舶，其中 6,000 艘在大海中沉沒，9,000 艘因傷無法修復而停航，還有 60,000 艘船經歷過 20 次以上的災難。最終，這些記錄得出一個結論：每艘下水的船，都無法避免經歷風暴、碰撞和各種困難。

無論你是航行在波濤洶湧的大海上，還是行走在人生的道路上，都無法避免經歷風雨和磨難。

故事啟示

正如每艘船都會經歷傷痕，人生中的每一個人也都會面對挫折和困難。重要的不是我們在過程中受過多少傷，而是我們如何在風雨中依然堅強勇敢、百折不撓地前行。成功並非一帆風順，而是在遭遇困難後，依然能夠繼續航行，並最終克服挑戰。

斯帕奇的成長經歷

從小到大，斯帕奇（後來的查爾斯．舒茲）一直是班上的不及格生。他的物理成績常常是零分，拉丁語、代數甚至英語等科目也總是讓他深感失落。從小，無論是在學業還是在社交場合，他總是個被忽略的存在。在校園裡，他的存在感幾乎為零，沒有人主動找他說話，只有當同學偶爾向他問候時，他才會感到受到重視。

儘管如此，斯帕奇對於自己的未來充滿信心，尤其是對於自己畫畫的才能。他的繪畫總是他唯一引以為傲的東西，雖然他所畫的作品從來沒有人看得上眼。高中的時候，他向畢業年刊的編輯提交了幾幅漫畫，卻被無情地退稿。這樣的失敗並沒有讓他氣餒，反而讓他更加堅定了要成為一名漫畫家的夢想。

大學畢業後，斯帕奇決定向華特．迪士尼公司發送自薦信，希望能得到一個機會。迪士尼公司讓他提交了幾幅符合主題的漫畫作品，斯帕奇全力以赴地投入了自己的時間和精力，用一絲不苟的態度完成了每一幅作品。然而，結果依然是失敗。迪士尼公司沒有錄取他，這對他來說是一次又一次的打擊。

然而，斯帕奇並沒有因此放棄，他依然選擇堅持自己的畫畫夢想，繼續畫著屬於自己的漫畫。他將自己平凡且灰暗的生活，轉化為漫畫作品，開始描繪自己的童年，畫出一個和自己非常相似的角色：查理．布朗。這個小男孩從來沒有成功過，他的風箏從來飛不起來，他踢不好足球，也總是被朋友戲稱為「木頭腦袋」。

沒想到，這些屬於他自己生活的描繪，竟然引起了全世界的共鳴。查理．布朗和他的小伙伴們，成為了經典的漫畫角色，並最終風靡全球，形成了不朽的《花生漫畫》。這些漫畫作品不僅成為了人們的文化象徵，也讓斯帕奇獲得了意想不到的成功。這位曾經被認為是失敗者的青年，終於成為了世界著名的漫畫家，並且影響了無數人。

故事啟示

成功並非一蹴而就，有時候需要經歷無數的挫折和失敗。很多人可能在最初的幾次嘗試後就放棄了，但只有那些不怕失敗、願意堅持的人，最終才能迎來屬於自己的成功。我們每個人都有可能在生活的低谷中遭遇困難，無論是在學業、工作還是人生的其他領域，但只要不放棄，堅持自己的夢想，終有一天會走出陰霾，迎來光明。

第九章

拒絕愚昧，追求智慧的人生

無論是學習新技能，還是完成一個小小的任務，為自己設立挑戰和目標，能讓生活充滿意義。每一次的進步和成就都會讓我們更加清楚地了解自己，讓我們的生活變得更加充實。

開出智慧之花

有一個小沙彌剛剛來到寺院，老方丈慧光法師從山下的花市買來一枝鮮花送給他。

小沙彌不明白這是什麼意思，便怯生生地去請教慧光法師：「這枝花有什麼寓意嗎？」

慧光法師微笑著回答：「花朵是草木的智慧。」

小沙彌還是不太懂，抱著虛心好學的態度再問：「草木也有智慧嗎？」

慧光法師繼續微笑說：「當然，草木的智慧就在於它們的花朵，以及花朵散發出的馨香。」

小沙彌聽後，還是有些困惑，他自言自語道：「沒想到法師這麼有雅興，真是妙語如詩！」

然而，慧光法師的笑容立刻凝固，平靜地說道：「你沒有想到的還有很多，好好養這枝花，回房參悟吧。」

帶著疑惑，小沙彌將花帶回了房間。三天後，那枝鮮花終於枯萎了，但小沙彌仍然沒有明白法師的意思。他再次去向慧光法師請教。

慧光法師直入正題問道：「你知道這枝花為何那麼鮮豔嗎？」

「因為土壤肥沃，風調雨順吧！」小沙彌機警地答道。

慧光法師點點頭，又問：「那這枝花呢？」

「它枯萎了。」小沙彌難為情地說，「其實我對它很負責，回去就把它插在清水瓶裡。」

慧光法師接著問道：「那它怎麼會這麼快枯萎呢？」

小沙彌聽後，答道：「因為它被剪下來，脫離了枝幹和泥土。」

慧光法師看著他，語重心長地問：「那你還不明白嗎？花朵枯萎了，正如心靈的花朵，失去滋養就會枯竭。你是否思考過這些？」

小沙彌恍然大悟：「原來人的智慧如同花朵，心靈的花朵也是如此，只有心靈有足夠的滋養，智慧才能茁壯成長。」

慧光法師點頭微笑，說道：「是的，人的智慧就像花朵，只有在心靈的沃土中，才能開出璀璨的光輝。」

故事啟示

只有開始認真地審視自己的內心，才能真正成為有智慧的人。當一個人開始了解內心的力量時，才能在生活的挑戰中保持冷靜，找到自己的方向。正如花朵需要根基和土壤，人的智慧也需要內心的滋養。只有內心的修練才能培養出長久且堅固的智慧，並在面對困難時保持不懈的力量。

思考與理解

一位法師在講解經文時，發現有個小沙彌聽不懂，也無法領會其中的道理。於是，法師告訴他要動腦。小沙彌好奇地問道：「怎麼動腦呢？」法師回答：「多思考呀！」

然而，小沙彌更加困惑，問道：「怎麼思考呢？」法師便和小沙彌約定了時間，單獨為他解答疑惑。

法師首先遞給小沙彌兩個同樣大小的栗子，問他：「這兩個栗子有什麼區別？」小沙彌回答：「一個是生的，一個是熟的。」法師問他：「怎麼知道的呢？」

小沙彌回答：「涼的肯定是生的，熱的肯定是熟的。」法師微笑道：「那可不一定，涼的栗子也許是熟的，因為熟了之後可能放涼了；熱的栗子也可能是生的，只是剛放進熱水裡稍微燙過。」

小沙彌有些困惑，然後說：「兩個栗子，一個是熱的，一個是涼的。」法師問道：「這回對了，但你是怎麼知道的？」小沙彌答道：「用手感的，用心覺的。」

法師繼續問道：「你是怎麼感覺的？」小沙彌回答：「用手去觸摸，心去感覺。」法師微笑道：「這樣回答太籠統了，你越說我越糊塗。」

小沙彌有些急了，便說：「這有什麼糊塗的！就像您說的思考一樣，心覺就是思，手感就是考。」他解釋道：「思就是用心、動腦筋；考就是用手觸摸，或用眼觀察，去考察。」

聽完後，法師終於理解，愉快地笑了，對小沙彌說：「多謝你的指教和點化！」

小沙彌也恍然大悟，驚喜地拍了拍自己的腦袋，心中充滿了感悟。

故事啟示

做任何事情都要學會思考，只有會思考的人，才能夠搶占先機。思考對每個人都非常重要，但許多人在日常生活中，往往忽略了、忘記了，甚至荒廢了思考。當這樣的情況發生時，往往會被現實和世界所拋在了門外。

人生的棋局

有一天，老李邀請朋友阿強來家裡下棋。老李是一位資深的棋手，總是能輕鬆地在比賽中贏得勝利。阿強雖然也是熱愛下棋，但還處於學習的階段，每次與老李對弈，總是敗下陣來。

那天，阿強心情格外焦慮，他一邊快速擺棋盤，一邊心裡暗暗決定，這次一定要下得更好些，至少能與老李打個平手。

老李微笑著讓阿強先下三步，阿強這時覺得自己有些優勢，便開始信心滿滿地進攻。然而，不到五分鐘，阿強的棋子便大半都已經陷入困境，最終，他還是未能抵擋住老李的攻擊。老李輕輕地將他的棋子收回，問道：「你發現了什麼？」

阿強嘆了口氣，說：「每次都是這樣，我總是想著贏，卻每次都被你牽著走。」

老李放下棋子，耐心地解釋道：「下棋不僅僅是比誰先走一步，而是要理解每一顆棋子的價值。從你剛才的棋局可以看出，你總是急於攻擊，卻忽略了保護自己的棋子。」

阿強困惑地看著老李，問道：「可是，我每一步都是認真考慮的，為何還是敗了呢？」

老李微笑著說：「你看，當你起初擺棋的時候，你以為只要追求勝利，就能獲得成功。但是你忽略了，任何一步棋的選擇，都不僅僅是為了現在的勝負，而是為了未來的布局。你不能只顧著得，而忽視失。」

阿強聽後，開始反思自己的策略。老李繼續說道：「人生就像這盤棋，不是每一步都能簡單地選擇得失。你要懂得，成功並非單純的勝利，而是看你如何在每一個選擇中找出合適的平衡。失敗，並非終點，反而是讓你能夠從中汲取智慧，做出更好的決策。」

阿強若有所思，慢慢理解了老李的意思。他不再只專注於贏，而是學會如何在每一步棋中權衡得與失。也從每次的失敗中汲取教訓，逐漸提升了自己的棋藝。

不久後，阿強和老李的對弈進入了白熱化階段，阿強的棋藝已經有了明顯的進步。他不再像最初那樣急於求勝，而是懂得如何在局勢中穩住自己的步伐。每一步棋，他都能從得失之間做出明智的選擇。

最後，阿強終於明白，無論是下棋還是生活，最重要的並非一開始的勝利，而是在面對得失的抉擇時，能夠保持冷靜，做出合適的選擇。這，才是他所追求的真正勝利。

故事啟示

人生就像一盤棋。我們常常在一開始時急於追求成果，忽略了過程中的得失。而當失去過多時，我們又過於小心翼翼，結果反而失去更多。了解得失，確立自己的選擇，才能在棋局和人生中達到平衡，走向成功。

美德是智慧的根基

鄭裕彤出身於貧困的家庭，從小家境困難。15 歲時，他中斷學業，到珠寶行當學徒。離開家鄉前，母親叮囑他：工作要勤奮，遵守規矩，多動手，少動口。這些話深深影響了鄭裕彤，他牢記母親的教誨，始終秉持著勤快、負責的態度，並且虛心向老闆和同事學習經營生意的技巧。

有一次，鄭裕彤觀察一家珠寶店如何經營，結果遇上塞車遲到了。當他回到店裡，周老闆詢問原因時，鄭裕彤如實回答了。老闆對這位年輕學徒如此敬業感到不解，便問他看到了什麼獨到的地方。

鄭裕彤不慌不忙地說：「我發現他們待客非常周到，無論生意大小，店員總是笑臉相迎，對每位客人都非常有禮貌，無論是否購買都會微笑送客。這種待客之道值得我們學習。此外，店鋪的裝潢也很精緻，像鑽石一樣的珍貴珠寶被放在紫色絲絨布上，閃閃發光，顯得特別吸引人。」他的見解讓周老闆感到驚訝，也讓他對鄭裕彤的眼光和品格更加認可，預感到他將來必定能成大器。

後來，周老闆將自己的珠寶行交給鄭裕彤打理，甚至將女兒嫁給了他。鄭裕彤不負所託，苦心經營，將珠寶行打造成了珠寶公司。在成功之後，雖然他可以將公司改名為自己的名字，但他選擇繼續使用岳父的名字，以此表達對岳父的感恩。隨後，鄭裕彤又進軍房地產業，成地產大亨之一。

當人們詢問鄭裕彤如何取得如此巨大的成功時，他謙遜地回答道：「守信用，重諾言，做事勤懇，處事謹慎，飲水思源，不見利忘義。」他認為，成功的根本在於堅守美德。

故事啟示

所有的事業成就，無不建立在美德之上。智慧的本質不僅來自學識或背景，更來自於誠實、勤奮、責任感與堅守承諾。美德才是智慧的核心，這是任何成功的基石。

兩兄弟的命運

有一位父親，年幼時失去雙親，成為孤兒，經歷過無數的磨難，流浪街頭，最後創下了不小的家業。隨著年紀漸長，父親開始思考自己的後事安排。他有兩個兒子，都聰明、踏實，深受周圍人的喜愛，大家普遍認為父親應該把財產平分給兩個兒子。

然而，在他臨終時，父親卻做出了不同的決定。他召集兩位兒子到床前，從枕頭底下拿出一把鑰匙，緩緩說道：「我一生所創造的財富，都鎖在這把鑰匙能打開的箱子裡。現在，我只能把這把鑰匙交給其中一位。」

兩兄弟都感到驚訝，幾乎異口同聲地問道：「為什麼？這太殘忍了！」

父親沉默片刻，緩緩道出原因：「這或許有些殘忍，但這也是一種善良。選擇這把鑰匙的人，必須承擔家庭的責任，按照我的方式去經營這些財富。拒絕它的人，則可以自由選擇自己的道路，不必承擔任何責任。」

聽完後，兩位兄弟陷入了深深的矛盾中。選擇鑰匙意味著過上安穩的生活，但也必須承擔繁重的責任，失去自由；而放棄鑰匙，則可以追求無限可能的生活，但未來充滿不確定和挑戰。

父親微微一笑，補充道：「每種選擇都有快樂和痛苦，人生無法只擁有快樂，也無法消除痛苦。最重要的是了解自己，知道自己究竟想要的是什麼——是過程，還是結果？」

終於，兩兄弟做出了各自的選擇。哥哥選擇了接過那把鑰匙，負責家業；而弟弟則選擇了離開，去闖蕩世界。

二十年後，兩兄弟的命運截然不同。哥哥安穩地管理著家族事業，生活平穩、舒適，性格日益溫和儒雅，逐漸像父親一樣。然而，弟弟經歷了無數的挫折與困難，生活多舛，性格變得堅毅果斷，最終他創立了自己的事業。雖然他曾在困難中感到後悔，但這段艱辛的經歷最終讓他成長為一個不屈不撓的人，並深深理解了父親當年的選擇。

故事啟示

在人生的道路上，我們面對著不同的選擇，每一個選擇都帶來快樂和痛苦。儘管我們渴望快樂，但不應忽視痛苦，因為痛苦常常能激勵我們奮鬥，讓我們的人生更加精彩。在每一次選擇時，我們必須清楚自己真正想要的，是安穩的結果，還是充滿挑戰的過程。

寂寞才是真正的牢籠

有隻可愛的畫眉被主人關在籠子裡，無拘無束的生活不再是牠的選擇。某天，上帝看見了這隻畫眉，便對牠說：「跟我來吧，讓你在天堂過上自由的生活。」

畫眉驚訝地說：「我現在過得很好，為什麼非得去天堂呢？」

上帝再問：「那你有自由嗎？」

畫眉愣住了，沉默片刻後，跟隨上帝來到了天堂。上帝為牠安排了翡翠宮，讓牠安居其中。隨後，上帝便忙於其他事務，忘記了畫眉。

過了很久，上帝突然想起了畫眉，便前去探望牠。「親愛的畫眉，你在這裡過得如何？」上帝問道。

畫眉嘆了一口氣，回答道：「這座房子非常美麗，還很大，可我一個人獨自生活，四周空蕩蕩的。其實，我跟在籠子裡的日子有何區別呢？」

故事啟示

孤獨比失去自由更為可怕。對於許多人來說，寂寞才是人生中最深的牢籠。無論外界如何美好，若心中沒有陪伴，無法感受到與他人的連結，那即使擁有無盡的自由，也難以品味人生的真正價值。

羽化成蝶的努力

愛麗絲來自貧困的家庭，成年後，她在紐約第五大道的一家女裝裁縫店擔任打雜工。每天，她都能看到穿著高級衣物、乘著豪華轎車的女士們，這些顧客在鍍金邊的大試衣鏡前試穿精美的衣服。她還經常看到女店主，也穿著得體，舉止高貴、優雅端莊。這些情景激起了她心中強烈的欲望：她也要像這些女士一樣，優雅自信地生活。

每一天，愛麗絲在工作前都會站在那面鏡子前，給自己一個溫暖的微笑，無論她身穿的是簡單的粗布衣服，還是工作服。她開始想像自己穿著華麗的衣服，像那些貴婦一樣端莊大方，舉止得體。她對工作充滿熱情，彷彿那間裁縫店就是她自己的事業一樣。隨著時間的推移，她的氣質悄然變化，她的努力和優雅也逐漸贏得了店裡顧客和老闆的尊重。

幾年後，店主看中了愛麗絲的才華與品味，認為她是員工中最出色的，便將店鋪的管理交給了她。愛麗絲憑著努力與學習，迅速成為一名成功的管理者，並最終成為知名的服裝設計師。她也自然而然地成為了貴婦行列的一員。

故事啟示

人生的起點和背景並不決定最終的成就。關鍵在於目標的遠大與不懈的努力。進步的速度不重要，重要的是要保持冷靜，思考並勤奮行動。即使身處平凡位置，只要堅定目標，修練自己，保持敬業與本分，最終也能夠羽化成蝶，實現人生的輝煌。

心靜的力量

在一次礦井塌方事故中，幾位年老的礦工被困在深深的坑道裡。隨著時間的流逝，他們的礦燈一個接一個熄滅，周圍一片漆黑。儘管他們拚命地尋找出口，卻因為無法辨認方向而毫無進展。精疲力竭之下，他們只得停下來休息。

其中一位老礦工打破了沉默，建議大家不要再盲目地亂找，而是靜下心來，等待營救。他說：「現在，上面一定在積極救援我們。與其慌亂無助，不如靜靜地坐著，試著感覺空氣的流動。因為風是從坑口流出來的。」於是，他們就在那裡靜靜地坐著。

一開始，他們並未察覺任何異常，但隨著時間的推移，他們的感覺逐漸敏銳，最終能夠感受到微弱的風從某個方向輕輕吹來。於是，他們跟隨風的方向，最終找到了出路。

故事啟示

當心情焦躁時，我們往往容易迷失方向，甚至無法看清眼前的路。而保持冷靜、心境平和，往往能幫助我們清楚地思考，看到問題的真相，找到解決的出路。在困境中，心靜能夠帶來智慧，讓我們重獲新生。

追逐誘惑的代價

在 17 世紀，歐洲的探險家發現了澳洲這片豐饒的土地，並開始爭奪這塊新大陸。西元 1802 年，英國派遣了福林達斯船長率領的雙桅帆船前往澳洲，與此同時，法國也派遣了阿梅蘭船長駕駛的三桅快船向這片大地前進。

在一番激烈的航海競爭中，法國的三桅船憑藉先進的技術率先抵達，並占領了維多利亞州，將其命名為「拿破崙領地」。然而，在他們滿懷得意的時候，卻被一個意外的發現吸引住了注意——一種色彩斑斕的珍奇蝴蝶。這種蝴蝶的美麗令法國人痴迷，他們忘記了最初的使命，無數的探險隊員投入到追捕這隻珍蝶的活動中，甚至深入澳洲腹地。

就在這時，英國的福林達斯船長趕到了，他們看到法國人已經占據了這片土地，心情萬分沮喪。然而，當他們靠近時，意外發現法國人已經離開了。英國人看到了難得的機會，迅速占領了這片土地，並開始建立自己的基地。

當法國人高興地帶著捕獲的珍蝶返回時，他們卻發現，澳洲的這塊土地已經被英國牢牢掌控，留給他們的只有遺憾與懊悔。

故事啟示

世界上充滿了像珍蝶一樣的誘惑，它們往往讓人沉迷其中，忽視了更重要的事物。當我們被誘惑所牽引，往往會錯失更有價值的機會。戰勝誘惑，才是戰勝自己的關鍵，而只有掌控自己的選擇，才能在競爭中取得最終的勝利。

趁死亡來臨前

朋友是從事證券業的，他的生活總是忙碌不已，全世界飛來飛去。很久才能和他見上一面，我們通常都靠電話聯絡。

有一天晚上，他打來電話，我們聊了一會兒，突然他問了一個問題：「如果花一塊錢能知道自己哪一天會死，你會買這個資訊嗎？」

我想了想，搖搖頭回應：「不買。」

「為什麼？」

我回答道：「因為知道自己死的那一天，無疑是人生最大的痛苦。最好的死亡方式，應該是讓死亡突然來臨，來不及思考，生命就這樣悄然結束。」

過了一會，電話那端的他輕聲說：「可是，我會買。」

「為什麼？」

「我害怕死亡來臨時，我還有許多未完成的事情，那些未做的事將永遠帶進墳墓。不過，我也不想知道得太早，提前十天知道就行。」

「你打算用這十天做什麼？」

「五天的時間，我會陪伴家人。剩下的五天，我想做我最喜歡的事。」

「你最喜歡做的事情是什麼？」

「和我愛的人在一起，我開著車，帶她穿越大森林。」

我笑了：「這不難，你為什麼不現在就做呢？」

他嘆了口氣：「現在這麼忙，哪有時間呢？」

故事啟示

我們常常把最喜歡的事情留到最後，認為以後有時間可以完成。然而，死亡並不會提前通知我們。很多人將最珍貴的時光、最喜愛的事務推到最後，最終卻未曾實現。珍惜當下，做好每一個當下的選擇，才是最有意義的生活。

大智大悲，心懷眾生

七里禪師每天的修行便是誦經。一天深夜，當他全神貫注地唸佛經時，一名強盜闖入，將尖刀抵在禪師胸前威脅道：「把所有的錢財交出來，不然我就不客氣了！」

七里禪師淡然一笑，平靜地回應道：「錢都在破籮筐裡，你自己去拿，別打擾我唸經。」

強盜按照禪師的指示去翻找，發現了不少銀兩，急忙將所有的銀子塞進自己的腰包。這時，禪師依舊專心誦經，突然開口說道：「你應該把所有銀兩都拿走了吧？你不留給我一些明天的飯錢嗎？做任何事，都要留點餘地。」

強盜聽後，心中微微一愣，竟然不由自主地從腰包裡取出一些碎銀子，悄悄地留下來。

然而，禪師忽然再次開口：「回來！怎麼就這麼走了？」

強盜急忙停下腳步，心裡慌亂，心想自己怎麼還能被發現。他轉過身來，禪師淡然地說：「你收了我的禮物，怎麼不說聲謝呢？」

強盜被禪師的冷靜和幽默深深震撼，愣了好一會兒。他忽然感到自己彷彿格外骯髒，於是，他情不自禁地對禪師行了一禮，說了聲「謝謝」，然後匆匆離開了。

幾天後，強盜被捕，作為受害者的禪師也被官府找去辨認。但禪師說：「別的事情我不清楚，但在我那裡，他並未搶劫。那銀子是我送給他的，他已經向我道過謝了。」

幾年後，強盜刑期結束，他立刻找到七里禪師，剃度出家，走上了修行之路。

故事啟示

真正的慈悲不僅僅是對外界的關愛，更是對每一個人的理解與接納。

追求過多的後果

蜈蚣一開始並不擁有腳，牠的速度和蛇一樣快。牠看著擁有四肢的動物們，發現牠們跑得比自己快，這讓牠感到不高興。於是，牠決定向上帝祈禱，要求擁有更多的腳，並希望能像其他動物一樣跑得更快。

上帝聽從了蜈蚣的請求，賜予了牠無數的腳。蜈蚣看到自己滿身的腳，心中充滿了喜悅，認為自己終於能夠像箭一樣飛快地奔跑，超越其他動物。但當牠嘗試跑步時，卻發現自己根本無法控制這些腳。有些腳太快，有些腳太慢，牠不停地絆倒，完全無法像自己想像的那樣快速奔跑。

經過漫長的練習，蜈蚣才勉強學會如何使用這些腳，但牠發現自己甚至比以前爬得還慢。最終，牠明白了，自己過多的腳並沒有帶來快樂或優勢，反而成為了一種負擔。

故事啟示

別人擁有的東西，未必是自己所需要的。當我們過分追求某些東西時，得到的未必是我們想要的結果，反而可能成為沉重的負擔。擁有太多，可能會讓我們失去本來的方向和節奏。

接納自己，發現自己的價值

幼蛾對自己與蝴蝶的差異感到不滿，覺得自己長得不夠美麗，無法像蝴蝶那樣吸引人。母蛾溫柔地告訴牠，雖然自己並不具備蝴蝶那樣的華麗外衣，但牠們在大自然中的角色同樣重要。幼蛾和母蛾是夜間活動的昆蟲，負責傳播花粉，對於植物的繁衍發揮了至關重要的作用。無論是否擁有美麗的外表，最重要的是能夠發揮出自己的作用。

這時，蝴蝶也表示理解，並提醒幼蛾：「現代人對生態平衡的意識日益增強，大家對牠們的作用有了更多的了解。」牠們應該為自己對大自然的貢獻感到驕傲，而不必過於擔心自己外貌的美醜。

同樣的疑問也在小蚯蚓心中浮現。小蚯蚓覺得自己低賤、無用，並且無法像其他動物一樣具有引人注目的特徵。當牠對自己失去信心時，小花耐心地告訴牠，生命本身沒有高低貴賤之分。每一種生命都有其存在的意義和價值。小蚯蚓雖然不會飛，也不擅長跑，但牠能夠消化垃圾，鬆軟土壤，這使得大地更加富饒，萬物因此茁壯成長。牠的存在對大自然有著不可或缺的貢獻。

小蚯蚓的母親也補充說道，無論生命如何平凡，都有其獨特的價值。每一個生命體都應該接受自己，發掘並發揮自己的優勢，這樣才能在世界中找到自己的位置。

故事啟示

每個人都有獨特的價值和才能，無論外表如何、條件如何。我們不應該與他人比較，應該更多地關注自己，並努力發揮自己的長處。只有接納自己，肯定自己，我們才能超越自我，創造出更快樂、更圓滿的人生。

善良的力量

在一條小路上，一對善良的夫婦開設了他們的小店鋪，販賣一些零食和生活用品。他們並不急於賺取大筆財富，而是希望為附近的村民提供便利。店鋪的門外掛著一塊牌子，寫著：「天熱路遠，本店免費提供飲水。」這個簡單的舉動吸引了許多過路的行人，他們停下腳步喝口水，並且大部分人都會順便在店裡購買些小東西。

這樣的做法不僅讓店鋪被更多人知曉，也讓他們的生意逐漸繁榮起來。隨著時間的推移，這家小店發展成了一家百貨商店，生意興隆，成為了當地人生活的一部分。

故事啟示

善良與慷慨的行為不僅能讓人感到溫暖，也會帶來意想不到的回報。播種善良的種子，最終會收獲豐厚的果實。這樣的行為是生活中的真實價值，而慷慨的心總是能帶來更多的快樂與滿足。

不能彌補的傷害

從前，一位國王聽信了小人的讒言，誤以為賢臣叛國。於是，國王命令將賢臣捉拿，並割下他的背脊取走二斤肉。後來，真相被揭示，賢臣並未叛國，國王深感懊悔，於是賠償了賢臣一千斤豬肉以示歉意。

然而，賢臣依然忍受著背脊的劇痛，經常在朝廷上呻吟。國王聽到後，詢問賢臣為何還不滿足，明明已經得到了大量的豬肉。賢臣無奈地回答：「大王，如果砍下你的頭，縱使還給你一千個頭，依然無法挽回你的死亡。如今雖然我得到了一千斤豬肉，但內心的痛苦仍然無法消除。」

故事啟示

對他人造成的傷害，即使是再多的賠償，也是無法完全彌補的。最好的方式，是在行動之前，謹慎小心，盡量避免對他人造成不必要的傷害，這樣才能保護自己與他人免於不必要的痛苦。

慧能與弘忍的智慧傳承

唐朝時，廣東南海有一位貧困的年輕人，靠砍柴維生。一天，他將柴火賣給一位富人，聽到富人誦讀《金剛經》：「應無所住而生其心……」他心有所悟，便向富人詢問該如何進一步理解佛法。

富人告訴他，在湖北黃梅的禪宗第五代祖師弘忍，對《金剛經》有深刻的理解，並建議他前往黃梅學習。富人資助他一些銀兩，年輕人便踏上了尋求智慧的路程。

當他來到黃梅時，弘忍問道：「你來做什麼？」

年輕人回答：「我來求無上智慧。」

弘忍冷淡地回應：「你來自偏遠之地，沒有文化，如何理解智慧？」

年輕人反問道：「人有南北之分，難道智慧也有南北之別？」

弘忍聽後，意識到這個年輕人非同尋常，但仍然沒有對他表示偏愛。「你先去後院做些雜活吧！」並替他取法名慧能。

慧能在後院勞動多年，始終沒有機會參加弘忍的講座，但他對內心的疑惑始終沒有停止思考。某天，他忽然領悟到一個道理，便請一位施主幫忙書寫偈子。

施主驚訝地說：「你連字都不識，怎麼寫偈子呢？」

慧能回答：「最高深的道理，不與文字有關。」

施主聽後深感有理，於是便在牆上寫下慧能的偈子：「菩提本無樹，明鏡亦非臺。本來無一物，何處惹塵埃。」

當弘忍見到慧能的偈子時，深知這位來自偏遠山區的年輕人，才是自己最合適的接班人。於是，慧能成為了禪宗第六代祖師。

故事啟示

智慧來自心靈的透悟。它與知識相關，但並不等同於知識。僅僅擁有知識的人未必擁有智慧，而擁有智慧的人也不一定是擁有大量知識的人。智慧是深入理解、領悟內在的真理，而非單純的知識累積。

每個人都有自己的角色

有一座廟裡住著五位和尚，但廟裡的香火逐漸微弱，幾乎沒有人前來。眼看著生活困難，四位和尚決定下山化緣，留下最年輕的和尚看門。這樣一來，他們就不必忍受飢餓了。

一段時間後，四位和尚化緣回來時，發現年輕的和尚正躺在床上安然入睡，這讓他們感到十分憤怒，認為自己辛辛苦苦地在外面討生活，而他卻在廟裡過著安逸的日子。於是，他們決定讓小和尚也跟著一起下山化緣。

第二天，小和尚不得不遵從師兄們的安排，和他們一起出門。當他們回到廟裡時，眼前的景象讓他們驚呆了：廟門大開，院子裡一片狼藉，經書、衣物、甚至是櫃子和箱子都被亂丟在地上，顯然是被盜了。和尚們這才反應過來，他們辛辛苦苦化緣回來的糧食和錢物都被強盜洗劫一空。此時，他們懊悔不已。

故事啟示

不要因為一時的錯誤就全盤否定他人。每個人都有自己的角色和價值，若強行讓他人離開自己擅長的領域，可能會導致不可預料的後果。在生活中，我們要理解每個人的特殊作用，尊重他們的崗位，這樣才能共同維持整體的和諧與運作。

燃起心中的香火

修行多年的心吾和尚即將前往一座新修的寺廟擔任住持。臨行前，他向海帆方丈請教：「佛海無涯，何日是歸期？人生有限，哪天才能成為活佛？」

海帆方丈答道：「香火不斷，水漫靈山亦通明，天天是歸期；風雨飄搖，一炷高香常相伴，即刻成活佛。」

心吾和尚到了新修的寺廟後，便將上香敬佛視為首要之事。他的禪房和臥室中，香火長明，從不間斷。即使外出化緣，他也不忘手持高香，風雨無阻，持續不斷。

然而，三年五載過後，心吾和尚感到自己的道行並未有所長進，於是決定回到故廟向海帆法師請教。當他手持香火走進海帆法師的禪房時，卻發現海帆法師已圓寂。一滴清淚不自覺地滑落，正好滴落在他手中的香火上，香火隨即熄滅。

心吾和尚感到無比的敬重與無奈，便在心中為海帆法師燃起另一炷更加旺盛的高香。此時，他想起海帆法師曾經說過的話，終於意識到，只有心中虔誠的香火不斷，才能「水漫靈山亦通明，一炷高香常相伴」。他終於開悟了。

香雖然熄滅，但心中的香火依然燃燒。對恩師的敬仰絲毫未減，並且他明白了佛在心中，心中有則有，心中無則無。香雖然熄滅，思念、感恩與理性之火並未泯滅。原來，燃香的真正意義，不在於手中的香火，而是在於心中那份虔誠與堅持。

故事啟示

其實，無論是學佛還是做其他事情，心中的虔誠、愛與堅持，才是最真實和長久的。外在的形式只是表象，有時甚至可能是空洞的虛設。真正的善與智慧並非流於言語或形式，而是深植於心中，並體現於每一個行動中。

最甜美的泉水

山腳下有一個清澈的山泉，泉水源源不斷地從泉眼裡冒出，匯流成一條小溪，潺潺流向田野。

一位樵夫挑著一擔柴火經過這條溪流，停下來捧起泉水喝個夠。他感覺這水甜美無比，幾乎是他喝過的最甘甜的水。放羊的牧童、耕地的農夫，甚至是進山打獵的獵人，都認為這泉水是天下最甘甜的水。

聽說了這件事後，一位富翁心生好奇，決定親自品嚐這水。他派人去山泉取水，並將其裝在精美的水壺中，運送回家。僕人將水倒進琉璃杯，端到躺在搖椅上的富翁面前。

富翁喝了一口泉水，卻並沒有感受到任何特別的味道；再喝一口，他的眉頭不禁皺了起來，隨後把杯中的水倒掉，氣憤地對僕人說：「這就是最甜的水嗎？一點甜味也沒有！快去拿蜂蜜糖漿來！」

故事啟示

如果從未品嘗過飢渴的滋味，就無法體會食物與水的甘甜；如果沒經歷過挫折與失敗，就無法真正感受到成功的喜悅與滿足；那些未曾歷經苦難的人，永遠無法理解生命的深刻意義和價值。

保有最初模樣

在一個遙遠的小島上，生活著一群土人，他們信奉基督教，但並不像聖經中那樣禱告。

有一天，一位學識淵博的主教來到這個小島。他發現土人們不會像基督教教義中所描述的那樣禱告，於是決定親自教他們主禱文。主教花了整整一天的時間，耐心地一遍一遍教導他們，終於讓他們能夠熟練地背誦這段禱告文。

第二天清晨，主教帶著愉快的心情離開了這個小島。然而，當船還沒駛出多遠時，主教意外地看到這些土人竟然在水面上行走，氣喘吁吁地跑來找他。他們恭敬地說：「先生，抱歉，我們忘記了主禱文，您能否再教我們一遍？」

主教目瞪口呆，了解到這些土人擁有的信仰和純真，心中感到深深的卑微。他不禁自嘲地想，這些單純的人們，或許他們原本的方式就足夠了。於是他微笑著告訴他們：「你們就照著你們原本的禱告文禱告吧！」

故事啟示

每個人都有自己獨特的習慣和方式。如果我們試圖強迫他人接受自認為最好的習慣和方式，有時會發現，對方並不需要這些，甚至可能根本不適用。理解他人的背景和需求，才能更好地交流與成長。

享受沿途的風景

有一對來自美國的夫婦，他們熱衷於旅行，每年的假期幾乎都花在了遊歷世界的各個角落。他們曾到過許多著名的景點，甚至還去過遙遠的南極。

又到了假期，夫婦倆討論著下一次的旅行目的地。「對了，我們好像很久沒去過加拿大了，當初去過一次，記憶也有些模糊。」妻子說。於是，他們決定這次開車前往加拿大。

不久後，一輛豪華轎車停在了加拿大著名的風景區——露易斯湖畔。這對夫婦從車裡走出來，滿臉疲憊，妻子一邊翻看地圖，一邊環顧四周。

「嗨，吉爾，我們已經遊覽過吉士坡和班夫了，明天就是露易斯湖。」妻子告訴丈夫。

這時，旁邊的一個當地人忍不住提醒他們：「這裡就是露易斯湖。」

「哦，我們已經到了露易斯湖了！」妻子回答，然後再次抬眼四處觀望。

丈夫聽後說道：「走吧，我們還有好多地方要去呢！」

妻子拿起鉛筆在地圖上做了記號，兩人回到了車上，轎車隨後揚塵而去。

當地人看著他們的車漸行漸遠，自言自語道：「不知道他們又要去哪裡呢。」

故事啟示

旅行不應該變成一場匆忙的奔波，而應該是一場放鬆心情、細細品味的過程。生命如同一次旅程，不僅要有目的地，更要享受沿途的風景，適時地停下來，放鬆心情，才能真正感受到其中的美好。

有實力不必吹牛

在一片安靜的草地上，小老鼠、小白兔和大公雞正坐在一起，興致勃勃地比賽誰最厲害。

小老鼠首先開口：「我最厲害！有一次，我和大象決鬥，我直接鑽進牠的鼻孔，咬得牠直喊饒命！我有什麼可怕的呢？」

小白兔聽了，笑了笑說：「你這個小土包子，體重比我輕二十倍，竟敢這麼吹牛！我是三次馬拉松賽跑冠軍，還創造過世界紀錄，連賽跑能手獵豹都會對我心生敬畏！」

接著，大公雞也不甘示弱地說：「你們這些小角色住嘴！俗話說『雄雞一唱天下白』，太陽都乖乖地按照我的叫聲出來，連人類也聽我的指揮，按我的命令起床，所以老子才是天下第一！」

正在大家熱火朝天地吹牛時，附近的草叢中躺著一隻老虎，似乎是既睡又醒，靜靜地聽著牠們的對話。老虎只是微笑，沒有打斷他們。

過了一會，老虎突然打了個哈欠，悠閒地說：「哎呀，好睏呀！」聽到這裡，三個動物嚇得立刻逃之夭夭，無影無蹤。

故事啟示

吹牛的人，充其量不過是「紙老虎」，一旦真正的「老虎」出現，牠們的虛張聲勢便顯得微不足道。所以，與其空口無憑，不如實實在在地提升自己的實力，只有這樣才能在面對真正的挑戰時，立於不敗之地。

商人與水手的對決

有一位商人和他的兒子一起出海遠行，帶著一箱珠寶準備在途中出售，但他們從未透露過這些珠寶的存在。一天，商人無意間聽到了水手們的對話，原來他們已經發現了珠寶，並且策劃謀害商人父子倆，企圖奪取這些珠寶。

商人聽後非常害怕，開始在自己的小屋裡來回走動，思考如何擺脫困境。兒子看見父親焦慮，便問發生了什麼事，商人便把聽到的事情告訴了他。

年輕人怒道：「我們應該和他們拚了！」

「不行，他們會制伏我們的。」商人回答。

「那就把珠寶交給他們嗎？」

「也不行，他們會殺人滅口。」商人說。

不久後，商人憤怒地衝上甲板，對著兒子大喊：「你這個愚蠢的孩子！你一直不聽我的話！」

「老頭子！你說的每一句話我都聽不進去！」兒子也大聲回應。

父子倆的爭吵吸引了水手們的注意，他們圍過來好奇地觀察。商人突然衝回自己的小屋，拉出了珠寶箱。

「我寧願死於貧困，也不讓你繼承我的財富！」商人說完這句話，打開了珠寶箱。水手們的眼睛立刻被裡面的珠寶吸引住了。商人再次衝向欄杆，在水手們未阻止之前，把所有的珠寶拋入了大海。

過了一會，父子倆站在甲板上，凝視著珠寶消失的地方，兩人相擁而哭。當他們回到小屋後，商人對兒子說：「我們已經沒有其他辦法可以保命了，只能這麼做。」

兒子點點頭，答道：「是的，父親，這是最好的辦法。」

當船隻靠岸後，商人和兒子急忙來到當地法官的辦公室，他們控告水手們意圖謀殺並搶劫珠寶。法官指示將水手們逮捕。法官詢問水手們是否見過商人將珠寶拋入大海，水手們一致承認。法官因此判水手們有罪，並問道：「一個人在什麼情況下會願意捨棄一生的財富而不顧呢？只有當他的生命受到威脅時才會這麼做。」最終，水手們賠償了商人所有的珠寶，而法官則赦免了他們的生命。

故事啟示

成功的人不僅在順境中擁有獨到的眼光，運用智慧達成他人難以企及的成就，而且在危機中也能以智慧解決困境，化解威脅，從而保護自己，獲得成功。

解決人生的問題

一位神情憂鬱的男子獨自坐在咖啡廳角落的桌子旁，靜靜地喝著咖啡。周圍的喧囂與他無關，他的目光迷茫，彷彿心中有著重重的心事。在不遠處的另一張桌子上，坐著一位慈祥的老人，似乎一直在關注著那名男子。

最終，老人走向男子，溫和地對他說：「我注意到你似乎心事重重，如果願意的話，我或許可以幫助你。」

男子抬起頭，冷冷地看了老人一眼，語氣略帶悲觀地回應道：「你幫不了我，我的問題實在太多了。」

老人微笑著，從口袋中掏出一張名片，遞給他，並說道：「如果你願意，我想帶你去一個地方，也許對你有所幫助。」

男子猶豫片刻，沒有拒絕。於是，他隨老人來到了一個偏僻的郊外地區。下車後，老人指著一排排整齊的墓碑，說：「你看見這些墓碑了嗎？這些人都已經無法再面對問題了。只有躺在這裡的人，才算是真的沒有問題。」

聽到這裡，男子的眉頭開始放鬆，他開始感受到一些解脫的情緒。隨後，他輕輕吐露了自己的心事和困惑，向老人述說著那一切讓他焦慮不安的難題。

老人靜靜地聆聽，並沒有急於給予答案，只是耐心地陪伴。男子終於明白，問題不是生活中的阻礙，而是成長的過程。每一個解決過的問題，才讓他更堅強、更有智慧。

故事啟示

人生本就是一場不斷遇到問題、解決問題的過程。沒有問題的人生，是不存在的。無論身處何種境地，問題會不斷來襲，重要的是，我們如何以樂觀的態度去面對，並從每一個問題中學到人生的智慧。解決問題的過程，才是通向快樂與幸福的真正途徑，唯有如此，我們才能真正學會如何生活。

對手的存在

在巴黎，有兩位畫家都是當時藝術界的翹楚。儘管他們彼此素不相識，卻總是悄然關注對方的一舉一動，並時常在媒體上批評彼此的作品。這樣的互動從未間斷，他們總是暗中較量，心中卻誰也不服對方。

每當一位畫家展示新的作品時，另一位總會找出瑕疵，並毫不客氣地加以批評：「他最近的作品根本不成樣子，布局混亂，毫無章法。」或者是「他的畫作色彩暗淡，毫無活力，像是塗鴉！」這樣的指責，成為了兩人心中永不熄滅的火花。

有一次，其中一位畫家為了準備即將到來的國際藝術大展，日夜在工作室中奮筆疾書，幾天幾夜都不曾休息。他不顧一切，只專注於畫作，甚至忽視了基本的生活需求，如吃飯和睡覺。終於，當畫作即將完成時，一位朋友來訪，這時畫家正在修飾畫中人物的表情。朋友開口想說些什麼，但畫家忽然大聲喊道：「我那個死對頭，肯定又會找我作品的毛病！」

朋友疑惑地問道：「既然你知道他會挑剔這部分，為何不修正得更好呢？」

畫家微笑著回答說：「我故意這麼畫，就是為了讓他批評。如果他不再批評，我的創作靈感也就沒了。」他那副目光中透露出挑戰和固執。

然而，朋友的話語讓畫家的笑容瞬間凝固：「你知道嗎？他昨天因車禍不幸去世了。」

畫家站在原地，手中的畫筆掉落在地上。那一刻，他的心中五味雜陳。從此以後，這位畫家再也無法創作出獨具匠心的作品。

故事啟示

對手的存在，往往能讓我們看清自己。缺乏了挑戰和競爭，生活就像是航行在茫茫大海中失去了羅盤，迷失了方向。對手不僅是競爭者，他們也是促使我們進步的動力和源泉。當我們失去了對手，才會明白自己真正的力量。

羨慕與行動

很久以前，有一位窮苦的賣藝人，總是埋怨自己的命運不公。每天工作時，他心不在焉，回家後也不專心鑽研自己的技藝，反而每天都跑去富翁家串門子。隨著時間的推移，他的顧客漸漸減少，生活也變得越來越困難。

一天，他又來到了富翁的家中，輕輕敲了敲門，小心翼翼地進入富翁的客廳。室內的裝飾既考究又華麗，與賣藝人日常的環境形成鮮明對比。他摘下帽子，恭敬地對富翁鞠了一躬。

富翁問他：「你缺什麼？」他繼續說道，「我注意到你經常來我家串門子，每次見到我都鞠躬，然後默默離開，兩手空空。今天怎麼樣，說吧！你想要什麼，儘管開口，別客氣。」

賣藝人恭敬地回答：「謝謝您，老爺。我來是想看看有錢人是怎麼過日子的。這樣，多少能排解我心中的鬱悶。能夠用自己的眼睛欣賞你們的富貴，也算是窮人的一種樂趣。遺憾的是，我們這些人沒有那樣的福氣，周圍住的也大多是像我這樣的窮人。我們的生活乏善可陳，真的不知道你們的憂愁從哪裡來。」

聽完賣藝人的話，富翁微微一笑，卻沒有說話。賣藝人離開後，他心中仍然不滿命運的不公，卻從未考慮過自己為何無法改變現狀。

故事啟示

那些只會消極地羨慕別人的富裕，卻不努力奮鬥去創造自己的美好生活的人，永遠無法改變自己的命運。要想改變現狀，只有專注於當下，積極進取，才會實現自己的目標和夢想。

擺脫書本的束縛

古時候，有一位名叫王壽的書生，他在外地求學，酷愛讀書，樂此不疲。當時的書籍是用竹片抄寫，再用皮革串起來的，王壽為了抄書，甚至在家裡的房前房後種滿了竹子。他除了吃飯和睡覺，幾乎將所有的時間都用來借書、抄書、讀書。

有一年，王壽的母親去世，他要前往東周奔喪。他隨身攜帶了一些書，準備途中抽空讀書。這些書非常重，他走了幾里路後就感到疲憊不堪，喘不過氣來。於是，他只好在路旁休息，並隨手拿出一本書開始閱讀。

這時，一位名叫徐馮的隱士恰好經過，見他背著這麼多書，就停下來與他打招呼，並問道：「你讀這麼多書，究竟有什麼用？」

這是王壽第一次聽見有人如此質疑讀書的價值，他不禁愣住了。

徐馮微微一笑，說道：「人是要做事情的。做事應該依據不同的時機和環境來變通。例如，年輕時可以放縱一點，老來時應該穩重；國家太平時應該出來治事，國家動盪時則應該隱退。聰明的人做事是因時制宜的，並不是一成不變的。書本只是記錄人們的言論和思想，而言論和思想則來自於人們的深思熟慮。智慧並不是以擁有多少書本來衡量的。你是個聰明人，為什麼不去多做事和多思考，而是把這些重重的書本背著到處走呢？」

聽完徐馮的話，王壽如夢初醒，他感謝徐馮的指點，並當場將隨身攜帶的書焚燒。此後，他輕鬆上路，前往東周。

王壽，幸虧遇到高人的啟示，得以豁然開朗，免得一生被死知識所困。

故事啟示

我們常常認為讀書與學習是不可分割的，彷彿讀書就是學習，而學習也必須透過讀書。事實上，學習並不等於讀書，讀書也不代表學習。無論是知識、經驗還是做人的智慧，未必都來自書本。只要能夠學到並且能用，無論從哪裡來的，都是值得學習的。

都在一念之間

劉邦在得了天下之後，開始大封功臣。經過一番討論，他封了二十餘人。然而，其他有功的將領們始終爭論不休，誰的功勞更大，最終無法得出結論，也因此未能繼續下去。

有一天，劉邦在洛陽南宮，遙遠地看見將領們三五成群，經常聚集在洛水沙灘上。劉邦好奇地問張良：「他們在討論些什麼？」

張良回答：「難道你還不知道，他們在謀反。」

劉邦不解地問：「天下已經安定，為何還要反叛？」

張良說：「陛下，您曾是一介平民，靠著這些將領的忠誠才得以取天下。如今，您當了皇帝，封的全是親戚和老友，殺的是您的仇人。這些將領擔心您忘了過去的恩情，又擔心您會想到他們過去犯的錯，擔心您會因此生氣，發起報復。軍心因此不穩，才會聚在一起密謀叛亂。」

劉邦聽後十分憂慮，便問張良應該怎麼辦。

張良謹慎地說：「您一生最憎恨、最厭惡的人，大家都知道的是誰？」

劉邦想了想說：「是雍齒。他與我有舊怨，總是侮辱我，我早就想除掉他了；但因為他曾立下過不少功勳，總不忍心下手。」

張良謀定後說道：「那就立刻冊封雍齒為侯，這樣其他人心中的異謀也會隨之平息。」

於是，劉邦立即召開宴席，封雍齒為侯，並命令宰相和檢察官們評估各位將領的功勳，依此作為分封的根據。宴席結束後，將領們都感到欣慰與滿足。

張良正是利用劉邦詢問的時機，巧妙地指引他轉變心思。這樣的策略顯示了如何在關鍵時刻轉念安邦定國，避免動盪。只有上位者保持公正、處事不徇私，讓下屬不再心生猜疑，國家才能保持穩定。歷史學家司馬光更是高度讚賞張良的規勸智慧，認為他是最懂得規勸的智者之一。

故事啟示

規勸和被規勸的人都需要具備轉念的智慧。在一念之間，有時可以改變決策，從而帶來國家安定的局面。這需要領導者的智慧和謀略，也需要有智慧的支持者提供恰當的建議。

認知與現實的落差

幾年前，晶晶的家從鄉下搬到城市。新家是一棟二層小屋，樓下有一個大院子，院子裡還種著前主人留下的蔬菜。搬進來後，院子裡的菜地漸漸荒廢了。過了兩年，突然間，曾經種滿蔬菜的那塊土地上長出了一棵小樹，但大家都不知道這是什麼樹。

一天，晶晶摘了一片樹葉，帶到學校遞給生物老師。老師看了之後說：「這應該是李子樹的樹葉。」回到家裡，晶晶興奮地告訴父母，這是一棵李子樹。

後來，晶晶的爺爺從鄉下來到他們家。晶晶一見爺爺，便興奮地告訴他：「爺爺，你看，我們家有一棵李子樹！」爺爺仔細看了一眼，笑了笑說：「這不是李子樹，這是櫻桃樹，就快開花了！」

於是，晶晶一家人開始期待著櫻桃樹開花，盼望著能品嚐到新鮮的櫻桃。小樹終於開花了，花落後結了些小果子，但這些果子並未長大，卻在不久後掉光了。直到前年，當晶晶家被拆遷時，一位工人喊道：「這是哪家的核桃樹？再不遷走就沒了！」

晶晶聽後，困惑地問工人：「這不是櫻桃樹嗎？怎麼會是核桃樹呢？」工人指著樹葉下的一個果實說：「你看，那不就是核桃嗎？」

晶晶隨著工人手指的方向看過去，果然發現那裡掛著一顆核桃。原來，他們竟然錯把核桃樹當成了櫻桃樹。十幾年來，晶晶一家一直等著吃櫻桃，要不是樹結了果，他們可能還會一直錯誤地等待。

故事啟示

當我們感到他人對我們的評價不公平時，辯解往往無濟於事。如果希望別人能真實地了解自己，那就要透過行動和成果來證明自己，而非僅僅依靠言語。真正的價值來自於實際的表現，而不是空洞的解釋。

第十章
豁達心態，開創美好人生

如果當前的生活並未達到自己的預期，而無論如何努力改變都無法改變現狀，那麼最好的選擇就是學會豁達地接受現實。不要讓當下的不滿意拖垮自己，而應該積極面對現在的處境，調整心態，為未來的改變做好準備。當你全心全意地投入努力，並在現在的每一刻都保持積極進取，將來回顧時，你才會對自己的人生無悔，擁有一個更加美好的未來。

與快樂為伴

阿鴻在事業和家庭上的接連失敗讓他對生活感到無望。曾經的理想和計畫都變得模糊不清，無論如何努力，他似乎總是無法擺脫命運的束縛。身心疲憊的他決定離開故鄉，前往一個陌生的城市尋找新的機會和生活。然而，到了那裡，他依然被過去的陰影所困擾，似乎生活的困境依舊不曾改變。

有一天，他漫無目的地徘徊在市區，走進了一家破舊的二手書店。店裡的空氣彷彿停滯了數十年，書架上的書本都泛黃了。他隨便抽出一本書，翻開了扉頁，卻被書中的一句話深深吸引：「無論多黑暗的夜晚，黎明的曙光終會來臨。」這句話像一道光穿透了他的心靈，讓他第一次感受到希望的存在。

書中的話語讓阿鴻停下了腳步。他開始意識到，過去的自己一直活在失敗的陰影中，而他忽略了真正的問題——並不是外界的環境讓他無法突破，而是自己心中的恐懼和緊張的態度。在那一刻，他決定放下過去的自卑與懷疑，重新開始尋找自己內心的力量。

接下來的幾個月，阿鴻積極尋找工作並重新振作起來。他將更多的時間花在提升自己，學習新技能，不再執著於曾經的失敗。每當他遇到困難時，他都會回想起那句話，提醒自己永遠不要放棄，即使眼前的道路依然崎嶇不平。漸漸地，他的生活變得更有希望，工作也逐漸有了起色。

某天，他終於得到了自己夢寐以求的工作，不僅在專業上獲得了認可，還開始建立了自己的人脈與未來的目標。雖然一切並不是一帆風順，但他不再害怕挑戰和未知的未來。

故事啟示

每個人都會遇到挫折與挑戰，但保持樂觀的心態，將快樂與希望帶入生活，會讓我們的心靈得到治癒，並讓幸運與幸福不斷向我們靠近。

生命的堅韌

在某個小鎮，一場突如其來的洪水吞噬了村莊，許多家庭在瞬間失去了一切。當時，年僅十歲的小女孩莉莉與父母一起待在家中，突然洪水來襲，水位瞬間漲高，無情地將她和她的家人淹沒。當莉莉的父母被水流沖走時，她卻堅持住了，努力地爬上家中的頂樓，試圖保持鎮定。

雖然極度恐懼與無助，但莉莉並沒有放棄。她從屋頂爬下來，面對無情的洪水，她深知她能做的就是等待並保持信心。她用手抓住家中唯一仍然漂浮的木椅，握著椅子不放，無論如何都不讓它漂走。就在莉莉極度疲憊時，一位救援隊的成員發現了她，並將她拉上安全的地方。

莉莉在危險的邊緣依然微笑著，並勇敢地面對她的命運，這一點激勵了每一位參與救援的人。這場災難最終讓所有人意識到，無論情況如何艱難，面對生活時的堅持與希望，是改變的起點。。

故事啟示

死亡無法奪走人心中無畏的微笑，正如它無法摧毀我們的勇氣與希望。即使在面對終結的時刻，堅定的信念和精神的力量能夠讓生命的價值永恆存在。

內心的富足，才是真正的快樂

一天，一位富人對窮人說：「不用說，你的痛苦一定比我多，因為我擁有那麼多財富，但仍然為賺更多的錢而煩惱。」

窮人聽後微微一笑，問道：「所以你認為我會因為沒有這些財富而感到更苦惱？」

富人點點頭：「正是如此。」

窮人開心地笑了，他說：「其實恰恰相反，聽了你這麼說，我反而覺得自己比你更富有、更快樂了。」

富人驚訝地問：「為什麼？」

窮人回答：「因為我內心充實，快樂無比。這種財富，你能用錢買到嗎？」

故事啟示

金錢無法買來內心的平和與快樂。人生並非僅僅以賺錢為目標，而是應該學會享受生活中的點滴。只有知足的人，才能感受到真正的富足與快樂。

心境決定天氣好壞

一位客人問服務生：「明天的天氣預報怎麼樣？」

服務生微笑著回答：「明天的天氣會是我喜歡的。」

客人疑惑地問：「你怎麼知道明天會是你喜歡的天氣？」

服務生回答說：「我發現，環境常常無法完全符合我的期待，所以我學會了如何以喜悅的心情去迎接每一天的挑戰。因此，無論天氣如何，我都能找到快樂，所以明天對我來說一定是我喜歡的。」

故事啟示

你的心態決定了你如何看待世界，影響你的情緒與健康。凡事以正面的態度來面對，無論遇到什麼，都能帶來快樂和幸福。

不同心態，不同結果

兩位秀才在去京城的途中遇到了出殯隊伍。

甲秀才認為這是個不吉利的象徵，感覺自己的運氣不好，心情頓時沉重。乙秀才則感到高興，認為棺材象徵著升官與發財，這是一個好兆頭，讓他充滿了信心。

結果，甲秀才未能考取功名，而乙秀才不僅考中，還中了榜首。兩人都覺得自己所遇到的事情與命運息息相關。

故事啟示

相同的事件，因為心態的不同，帶來了完全不同的結果。無論面對什麼情況，保持樂觀的心態，才能使自己在生活中處處獲得機會，笑傲人生。

陌生環境裡的微笑更有力量

傍晚時分，子揚疲憊不堪地擠上了幾乎滿載的車子。擁擠的車廂，悶熱的空氣，加上堵塞的交通，讓他感到窒息，心情也越發壞透了。就在這時，他注意到前面一位中年婦女肩上的小女孩正用奇異的眼光盯著他。

子揚心想，也許自己此刻的表情嚇到她了。於是，他勉強揚起嘴角，送給她一個微笑，想要讓她轉移注意力。然而，讓他大吃一驚的是，小女孩竟然回以一個燦爛的笑容。更奇妙的是，當他與這個小女孩交換微笑時，他不再感受到擁擠與悶熱，甚至忘卻了所有的煩憂，彷彿一股新鮮的力量重新注入了他的體內，讓他感到年輕和充滿活力。

微笑的力量，無論多短暫，都能讓人感到無比的勇氣和溫暖。子揚深深體會到，微笑不僅能改變他自己的心情，還能與他人建立情感，架起一座友誼的橋梁。那個小女孩天使般的笑容，深深印在了子揚的心中，成為他永遠的提醒 —— 對他人微笑，也要對自己微笑。

故事啟示

在陌生的環境中學會微笑，是一種自尊、自愛和自信的表現。它不僅能改善你的心情，還能幫助你與他人建立情感，打開陌生人心扉，為自己和他人帶來更多的溫暖和理解。

不同角度的水桶

兩個水桶被吊在井口上，其中一個水桶看著另一個水桶，忍不住問道：「你似乎有些不開心，發生了什麼事嗎？」

另一個水桶嘆了口氣，回答道：「唉，我總是在想，生活好無聊。每次我裝滿了水，卻很快又被空了。」

第一個水桶聽了，笑了笑，說道：「原來如此！不過，我有不同的想法。我一直覺得這樣很好，我們雖然空空地來，卻能滿滿地回去！」

故事啟示

生活中的許多事，只要換一個角度來看，便能有不同的感受。與其因為一成不變的現狀而感到沮喪，不如試著用正面的心態去看待，這樣能讓你感到更快樂與充實。正面的思想總是能帶來更好的結果，負面的思想則可能讓你陷入困境。選擇如何看待，決定了你的人生態度。

專心穩定即可

在一個地勢險峻的峽谷中，澗底湍急的水流猛烈奔騰，而唯一能通行的橋梁，就是幾根橫亙在懸崖間的光禿禿的鐵索。

一行四人來到橋頭，分別是：一位盲人、一位聾子，以及兩位耳聰目明的正常人。四人相繼抓住鐵索，開始過橋。

結果，盲人、聾子都順利過橋，其中一位耳聰目明的人也安然過了，但另一位卻不幸跌下深淵，喪失了生命。

難道耳聰目明的人比盲人、聾人還差嗎？

事實上，他的弱點正源於他耳聰目明。

盲人說：「我看不見，不知道山高橋險，因此心境平和地走過去。」

聾人說：「我聽不見，不會聽到腳下湍急的水聲，恐懼感大大減少。」

而那位成功過橋的耳聰目明的人則說：「我只是過我的橋，與險峰激流無關，只要專心落腳穩定即可。」

故事啟示

當面對挑戰和困難時，正面的心態與冷靜的態度才是關鍵。不要被周圍虛張聲勢的威脅嚇到，因為這些多半只是空洞的恐懼。唯有保持坦然且正面的心態，才能真正超越外界的阻力，走出屬於自己的道路。

多方位思考

有一位老太太，生了兩個女兒。大女兒嫁給了傘店的老闆，小女兒則經營著洗衣坊，成為女老闆。老太太總是憂心忡忡，無論天氣如何，她都會為女兒的生意擔心。每當下雨時，她擔心洗衣坊的衣服無法晾乾；而當晴天來臨，她又害怕傘店的雨傘賣不出去。日復一日，她的生活充滿了無盡的憂慮。

有一天，一位聰明人聽說了老太太的煩惱，便告訴她：「老太太，您應該感到自己非常幸運！當下雨天時，您的大女兒生意興隆；而在晴天，小女兒的洗衣坊顧客滿滿，兩邊都有好消息，您應該開心才對！」

故事啟示

生活中的許多困難，往往源自我們對問題的單一看法。換個角度思考，您會發現，原來每天都有無數值得感激的事情等待我們去發現。當心境改變，生活的色彩便會煥然一新。

微笑的價值

某公司的人力資源主管，為了找到一位合適的電腦博士，幾乎費盡心力。他終於找到了一位非常出色的候選人，剛從名牌大學畢業。

經過幾次電話交談後，人力資源主管得知這位博士還收到幾家大公司更具吸引力的工作機會，它們的規模和名氣遠超過他們的公司。然而，當博士表示接受這份工作時，主管感到既高興又意外。

博士上班後，人力資源主管問他：「為什麼放棄其他條件更優的公司，而選擇了我們呢？」

博士微笑著說：「可能是因為其他公司經理的語氣總顯得冷漠，充滿商業氣息，讓我覺得求職應徵更像是一次冷酷的生意交易。而您的聲音，聽起來真誠而溫暖。我感覺在電話的另一端，您正微笑著和我交談。」

故事啟示

微笑不需任何成本，卻能創造巨大的價值。微笑能讓人感覺親切和友好，能展現你的從容與自信，也能化解緊張的氛圍。微笑，是生活中的一股力量，能讓人覺得輕鬆、愉快，並與他人建立真誠的連繫。

十二次的微笑

在一次航班起飛前，一位乘客向空姐請求倒一杯水，以便吃藥。空姐禮貌地回應道：「先生，為了您的安全，請稍等片刻。等飛機進入平穩飛行後，我會馬上為您送水，這樣可以嗎？」

十五分鐘後，飛機已經進入了平穩的飛行狀態。突然，乘客服務鈴響起，空姐心中一驚，意識到她忘記為乘客倒水了！她立刻前往客艙，將水端到那位乘客跟前，並面帶微笑地說：「先生，非常抱歉，由於我的疏忽，耽誤了您吃藥的時間，我深感抱歉。」

然而，這位乘客抬起手指著自己的手錶，對空姐說：「怎麼會有這樣的服務？真是太失望了！」空姐感到委屈，但依然保持冷靜。無論她如何解釋，這位挑剔的乘客都不肯原諒她。

隨後的飛行途中，為了彌補自己的錯誤，每次提供服務時，空姐都會特意走到那位乘客旁邊，微笑著詢問他是否需要水或者其他幫助。然而，乘客依然冷漠，對她不理不睬。

在飛機即將降落時，那位乘客要求空姐把留言本送來，看來他準備對她投訴。空姐心中雖然感到委屈，但依然維持職業道德，對乘客微笑並說：「先生，請允許我再次向您道歉，無論您提出什麼意見，我都會欣然接受。」

這位乘客臉色微變，本來準備說什麼的他突然沉默了。當他接過留言本並開始書寫時，空姐心想：「這下完了。」

然而，當飛機安全降落並且乘客們陸續離開後，空姐打開留言本時，驚訝地發現那位乘客並沒有寫投訴信，而是寫下了一封表揚信。信中寫道：「在整個過程中，您表現出真誠的歉意，尤其是您十二次的微笑，深深打動了我，使我最終決定把投訴信改成表揚信。您的服務非常好。如果有機會，我將會再次選擇這家航空公司。」

故事啟示

微笑擁有巨大的力量。它可以拯救一個人的心情，化解衝突，消除誤解，甚至改變他人的態度。微笑不僅能夠讓我們享受生活中的快樂，它也能讓我們在面對困難和挑戰時，找到化解困境的力量。微笑是跨越情感與理性之間的一座橋梁，帶來的是一種正面的心態與無限的可能。

時刻感受細節

在一個春光明媚的早晨，一隻美麗的小鳥站在樹枝上，開心地歌唱，甜美的歌聲回蕩在整片樹林中。

這時，一隻松鼠從樹洞裡探出頭來，大聲喊道：「閉上你的嘴！這樣的聲音實在太可怕了！」

小鳥愉快地回答說：「你看，這裡的空氣如此清新，這片樹林這麼美麗，樹葉綠得發亮，陽光灑滿大地，我的心情無比愉快，怎麼能不唱歌呢？」

松鼠滿臉困惑地說：「是嗎？這個世界真的這麼美麗嗎？我覺得根本不可能。我多年的生活經驗告訴我，這世界充滿了無意義。」

快樂的小鳥反駁說：「松鼠先生，來吧，來看看我的世界！看看這片陽光明媚的森林，感受這清新的空氣，你會感受到和我一樣的快樂！來吧，讓我們的歌聲響遍這個美麗的世界。」

故事啟示

烏雲和悲傷總是與悲觀的心態相伴，而美好和快樂則永遠與樂觀同行。學會感受每一刻的清新空氣，擁抱每一瞬的陽光，享受生活中的每一個小細節，讓心中充滿希望和喜悅。

盡最大努力創造

著名詩人薩迪曾經分享過一次令他終生難忘的經歷，他談到自己從不抱怨命運時，回憶起了一個特別的時刻。

有一次，薩迪因為缺乏金錢無法買鞋，只能赤腳走向教堂。在走進教堂前，他確實感到沮喪和不幸。但當他進入禮拜堂時，看見一位沒有腳的人，他猛然覺察到自己並非世上最不幸的人。這一瞬間，他的心情完全改變，再也不覺得自己因為沒有鞋子而苦惱。

因此，薩迪寫下了這樣的詩句：

「在飽足人的眼中，燒鵝好比青草；在飢餓人的眼中，蘿蔔便是佳餚。」

「人們在沙漠中口渴難耐時所期望的，並非一袋鈔票或珠寶，而是一瓢能解渴的涼水。人們在身無分文時所期望的，並非腰纏萬貫，而是能解決有米之炊。」

故事啟示

當我們感到不滿足時，想想還有比我們更艱難的人，這樣我們會發現自己的生活已經很幸福。只要盡最大努力去創造，無論結果如何，我們便不會辜負此生。

何謂知足？

有一位老人，在自家門前的一塊空地上豎起了一塊牌子，上面寫著：「此地將送給一無所缺、全然滿足的人。」

一位富有的商人騎著馬經過這裡，看到這個告示牌後，他心想：「既然這個人願意放棄這塊土地，我最好搶先來得到它。我是個富有的人，擁有許多資源，應該完全符合他的條件。」

商人於是敲開了老人的門，向他解釋自己的來意。

老人問他：「您真的是全然滿足了嗎？」

商人自信地回答：「當然，我擁有我所需要的一切。」

老人又問：「既然如此，您為何還需要這塊土地？」

故事啟示

當人們的欲望未能得到滿足時，即使擁有再多的財富，也無法感到心靈的滿足。人世間的痛苦往往來自於欲望的無窮追求。透過物質的富足來換取精神的快樂，往往是徒勞無功的。

活下來已經很厲害

有一位年輕人膽大妄為，在過一座非常窄的橋時不願意下車，結果連人帶腳踏車一頭栽進了河裡。河水深達一人多高。在大家的驚呼聲中，這個年輕人從水裡冒了出來，並被圍觀的人們拉上了岸。

上岸後，這位年輕人毫不驚慌，反而哈哈大笑起來。圍觀的人們都覺得很奇怪，以為他已經嚇瘋了。於是，一個人問他：「你怎麼還笑啊？」

年輕人笑著反問道：「為什麼不笑？我好好地活著，沒受一點傷，難道不值得笑嗎？」

故事啟示

活著，本身就是上天賜予我們的最大恩賜。悲觀者眼中總是充滿不幸，而樂觀者卻能在逆境中找到幸福。珍惜每一天，對於我們來說，活著的每一刻都值得感恩與珍惜。

擺脫煩惱並不難

有一位年輕人四處尋找解脫煩惱的祕方。他看到山腳下綠草叢中，一位牧童正悠閒地吹著笛子，顯得十分快活。年輕人走上前詢問：「你那麼快活，難道沒有煩惱嗎？」

牧童回應道：「騎在牛背上，笛子一吹，所有的煩惱都消失了。」

年輕人也試了試，但煩惱仍然纏繞著他。於是，他繼續尋找解脫之道。

接著，年輕人來到一條小河邊，看見一位老翁正在專心釣魚，神情愉快，面帶微笑。年輕人上前問道：「您這麼投入釣魚，心中難道沒有煩惱嗎？」

老翁笑著回答：「靜下心來釣魚，所有的煩惱都會被忘記。」

年輕人照著試了試，但總是無法放下心中的煩惱，心無法安定。於是，他又繼續向前走。

在一座山洞中，年輕人遇見了一位面帶微笑的長者。他再次向長者詢問解脫煩惱的祕方。

長者微笑著問道：「有誰綁住你嗎？」

年輕人困惑地回答：「沒有啊？」

長者笑了笑，說道：「既然沒人綁住你，那又何談解脫呢？」

年輕人聽後，突然恍然大悟，原來自己一直被心理的枷鎖束縛著，而解脫的關鍵是放下內心的種種雜念。

故事啟示

若想擺脫煩惱，首先要放下心中的種種雜念。正如蕭伯納所說，痛苦的根源往往是過度擔心自己是否幸福。解脫煩惱的真正關鍵，是放下心中的枷鎖，學會無所羈絆地生活。

遠離比較更自在

有一天，一隻蝸牛和青蛙在森林裡相遇。蝸牛總是對青蛙心生不滿，覺得青蛙那四條腿可以四處跳躍，而自己只能背著沉重的殼，慢慢爬行。

某天，青蛙忍不住問蝸牛：「蝸牛先生，我是不是做錯了什麼，讓您這麼討厭我？」

蝸牛有些不耐煩地回答道：「你看你那四條腿，跳來跳去自由無比，而我卻只能一步步地貼著地面爬行，心裡實在不舒服。」

青蛙聽了，輕輕一笑，說道：「每個人都有自己的困難，這是我們的不同。你看見的是我們的快樂，卻沒看到我們所面臨的痛苦。」

正當牠們交談時，一隻大老鷹突然出現，俯衝過來。蝸牛立刻縮進了自己的殼裡，安然無恙，而青蛙則不幸被老鷹抓走了。

故事啟示

每個人的生活中都有各自的挑戰和困難。不要總是與他人比較，因為別人擁有的未必是你真正想要的。學會珍惜自己的處境，感恩自己所擁有，這樣才能過得更幸福。

心態決定處境

有一天，一位父親決定「改造」一番他的孿生兒子。他買了許多色彩鮮艷的玩具送給一個孩子，並將另一個孩子關進了堆滿馬糞的車庫。

第二天清晨，父親走進兒子的房間，看到拿到玩具的孩子正在痛哭。父親關切地問道：「怎麼了，為什麼不玩那些新玩具？」

孩子淚眼汪汪地回答：「玩了會壞的，我不敢動它們。」

父親無奈地嘆了口氣，便走進車庫，發現另一個孩子正興高采烈地翻弄著馬糞堆。他快步走過去，問道：「你怎麼在這裡這麼開心？」

那個孩子得意地回答：「爸爸，我覺得這裡面肯定藏著一匹小馬呢！」

故事啟示

即使處於相似的困境，心態卻決定了我們的反應和結果。悲觀情緒如同隱形的枷鎖，使人無法看到機會，從而錯過成長的機會；而樂觀的心態，則像陽光一樣能夠照亮前進的道路，讓人看到生活中的希望。無論身處何境，都要保持樂觀的態度，這是成功的關鍵。

智慧的試煉

有一位旅行者即將開始他的長途跋涉，智者帶他來到一座金庫前，告訴他：「這裡的黃金，你可以自由選取，但有一個條件，你必須一直帶著它們，不能丟棄。它們將成為你旅程的伴侶。」

旅行者拿取了三塊黃金，雖然有些遺憾只能選擇這麼少，但他依然心滿意足地踏上了旅途。

然而，第二天早晨，當旅行者醒來時，他震驚地發現，那三塊黃金已經變成了無價值的石塊。這些石頭對他毫無用處，只帶來了沉重的負擔。

儘管如此，旅行者在背著這些石塊的痛苦中，卻也暗自鬆了口氣：「幸虧我只拿了三塊。」他慶幸自己沒有貪心過多，減少了負擔的重量。

故事啟示

生活中的困難與挑戰往往來自我們的選擇，而選擇往往是由內心的欲望與決心所驅動。在面對困難和快樂的時候，我們要保持冷靜與理智。學會珍惜當下，並接受生活中的不完美，這樣才能擁有真正的健康心態，走得更遠。

富人的困境

一位滿臉憂愁的富人來到上帝面前，悲痛地說：「主啊，我是個富人，但所有人似乎都恨我。我的生活充滿了爾虞我詐的爭執，無盡的爭吵讓我感到無法喘息，您能幫我嗎？」

上帝聽後微笑道：「那你就停止這些爾虞我詐吧。」

然而，沒過多久，富人再次來到上帝面前，說：「主啊，我仍然感到生活的沉重壓力，這一切讓我無法承受。」上帝再次回應道：「那你就卸下你的重擔吧。」富人聽後感到憤怒，因為他無法理解如何放下那一切。

時間過得很快，最終富人失去了所有的一切，包括他所珍視的財富與家人。第三次，他來到上帝面前，悲痛地說：「主啊，我已經一無所有，生活中只剩下無盡的悲傷。」

上帝微笑著回答：「那你就不要再悲傷了。」這一次，富人沒有生氣，也沒有失望，他選擇遠離人群，來到山中獨自生活。

有一天，他突然情不自禁，悲傷澎湃，泣不成聲，哭了幾天幾夜。當他哭乾眼淚，抬起頭來，他看見和煦的陽光灑在大地上，感覺到一股前所未有的平靜與安慰。他再次回到上帝面前，問道：「主啊，生活究竟是什麼？」

上帝微笑著回應：「生活就是一天一天地過，今天的陽光正升起，這就是生活的真諦。」

故事啟示

生活不僅僅是追求物質的富有或是擁有一切，它更多的是面對每一天的態度。每個人都有各自不同的生活方式與挑戰，只有放下過度的期待與焦慮，享受當下的每一刻，我們才能真正理解生活的價值與意義。

希爾頓成功的祕訣

有一天，希爾頓決定將自己辛苦賺來的 3,000 美元和父親留給他的 12,000 美元全數投入到飯店業，開始了他的事業冒險。憑藉著卓越的眼光和良好的管理能力，希爾頓的資產很快從 15,000 美元增加到幾千萬美元。這讓他激動不已，立即將這個好消息告訴了自己的母親。

然而，母親聽後並未如希爾頓所期待的那樣高興，反而意味深長地對他說：「兒子，不管你賺多少錢，對我來說並不重要。你必須明白，除了對顧客誠實，你還必須找到一種簡單且持久的辦法，讓來住過飯店的人願意再次光臨。這才是你事業成功的關鍵。」

母親的話讓希爾頓恍然大悟，他開始思考如何實現這一目標。如何才能用不費太多成本的方法來吸引顧客呢？他試過多種辦法，卻始終無法找到合適的解決方案。於是，希爾頓決定站在顧客的角度，親自走進商店和酒店，體驗顧客的感受，最終找到了答案 —— 微笑服務。

從那以後，希爾頓飯店便開始實行「微笑服務」，要求每一位員工都必須始終保持微笑，無論多麼忙碌或疲憊，這種服務成為了希爾頓酒店的代表。即使在美國經濟危機爆發的那幾年，許多大飯店倒閉，希爾頓飯店依然能夠渡過難關。經濟萎靡的時期過後，希爾頓酒店迎來了黃金時代，並且將業務拓展到世界各地。

故事啟示

微笑是最簡單而有力的力量。在困境中，微笑能夠帶給你希望；在事業中，微笑會讓你堅持前行；在生活中，微笑能讓你化解困難。無論面對什麼，微笑都是你堅持下去的力量來源，無形中塑造了更好的生活，成為成功的基石。

感恩生活

在公園的一個長椅上，一個小女孩正默默坐著，心情低落。她的眼神充滿了悲傷，因為她剛剛經歷了一場車禍，失去了其中一條腿。對她而言，這是一場巨大的打擊，無論怎麼想，心中總是無法釋懷。

不過，小女孩並不知道，在她的旁邊的草叢中，一隻小松鼠正靜靜地注視著她。這隻小松鼠已經好幾天沒有進食了，身體十分虛弱。當牠看到小女孩的情況時，牠突然心生一股莫名的感慨：「如果我是那個小女孩就好了。即使她只擁有一條腿，能擁有一條腿總比我一無所有要好。」

在生活中，我們往往會因為自己擁有的某些不完美而感到失落和悲傷，但其實，在我們周圍也有很多人，甚至動物，羨慕著我們所擁有的一切。

故事啟示

不要總是把眼光放在別人所擁有的，而應該時刻提醒自己感激自己擁有的一切。每當我們開始珍惜自己已有的東西，感恩當下的生活，幸福和快樂便會自然而然地伴隨在身邊。

放鬆心情，活得更自在

有一位企業家，他的生活充滿了忙碌與壓力，每天被各種會議、應酬和生意的瑣事纏繞，根本沒有時間讓自己喘口氣。他早早起床，有時甚至錯過早餐，工作直到深夜。即使如此，事情還是堆積如山，他總覺得時間不夠用，生活因此變得格外沉重。

有一天，他比平常更早起來，四周寧靜無聲。他走到花園，看見花木的枝條有些亂，他輕輕拿起剪刀修整了一下。接著，他泡了一杯咖啡，坐下來靜靜地享受這一刻的安寧與美好。這個早晨，他感到一種久違的清新與放鬆，整個一天都精神煥發，心情愉快。他發現，這樣的時光讓他感到無比充實和放鬆。

從那以後，他每天都會抽出些時間，到花園裡走走，讓自己在忙碌中偷得片刻的清閒，享受內心的寧靜。

故事啟示

生活中的壓力讓人容易感到疲憊，但適當的放鬆心情，為自己留出一些時間，享受當下的寧靜，能夠有效舒緩壓力，讓你擁有更充沛的精力和更正面的心態，走得更遠。

面對無法避免的命運

一天，一群牛聚集在一起討論他們對屠夫的仇恨，牠們都渴望能夠除掉那位每天宰殺牠們的屠夫。牠們商量著如何反抗，磨利了自己的角，準備迎戰屠夫。

然而，一頭經歷過多年耕作的老牛站出來，平靜地說道：「屠夫確實每天宰殺我們，但他擁有精湛的技術，能減少我們的痛苦。如果沒有這些手藝高超的屠夫，其他人來殺我們，恐怕我們將面臨更加痛苦的結局。你們要明白，無論如何，人類總是需要牛肉的。」

故事啟示

生命中的一些困難和災難是無法避免的，我們無法擺脫既定的命運。與其抗拒和痛苦地面對，不如坦然接受，勇敢地面對不可避免的結局。這樣，我們可以讓自己在面對困境時保持冷靜和智慧，減少不必要的痛苦。

兩位農夫的選擇

兩位農夫種植了相同的農作物，獲得了相同的收成。

然而，一位農夫對此感到不滿，他看著那些富有的人，覺得自己辛苦一年的收成和他們的十倍百倍的收入相比，根本微不足道。他因此感到自己雖然豐收，卻更為痛苦。

另一位農夫則對收成感到非常滿足，他認為今年的收成比去年多了近三成，不僅足夠一家人食用，還有剩餘可儲蓄。他對未來充滿信心，覺得自己有望逐步變得富有，心中充滿快樂。

故事啟示

同一件事從不同角度來看，會有截然不同的感受與結果。快樂和悲觀常常並存，而真正決定我們感受的，往往是我們自己選擇如何看待與思考。

上天的考驗

有一位年輕的商人，剛完成一筆豐厚的交易，滿心歡喜地帶著大筆金錢騎馬回家。這幾天的天氣一直晴朗，然而不知為何，當他途中行進時，卻突然暴風雨襲來，將他淋得透溼。少年心中頗為不滿，開始覺得這是老天爺故意在刁難他。

他一邊躲避大雨，一邊趕路，走走停停。當他經過一片濃密的樹林時，突然跳出一名強盜，手中持著一把老式獵槍，對準了少年。

強盜冷酷地說：「把所有的錢交出來，不然我一槍打死你！」

少年慌張地求道：「我跟你無冤無仇，請放過我，不要開槍！」

強盜露出凶狠的笑容說：「這片森林是我的地盤，經過這裡的每個人都得交過路費。選擇吧，是交出錢還是交出命！」

就在此時，雷聲再次轟響，驚動了少年的馬匹，馬兒發出急促的嘶鳴。強盜想要用槍威脅少年，卻不料他對空開槍，結果槍居然沒響。

抓住這個機會，少年急忙催馬，飛快地逃離了那片危險的樹林，成功擺脫了強盜的追擊。

當他鬆了口氣，心中既驚且慚地說：「剛才我還在抱怨天氣怎麼這麼差，原來，若不是大雨淋得我透徹，強盜的槍或許早已準確射向我，今天我可能無法活著回家。」

故事啟示

人生中常有不如意的事，但若我們能以樂觀的態度去面對，無論多大的困境，最終也能化險為夷。即使遇到不順的情況，只要保持正直、踏實，人生的每一個困難背後都會有轉機，最終會得到命運的助力。

電子書購買

爽讀 APP

國家圖書館出版品預行編目資料

別等了！想要的未來，從現在選擇：掌握 10 個關鍵思維，擺脫拖延症，讓行動真正發生 / 李哲豪 著 . -- 第一版 . -- 臺北市 : 財經錢線文化事業有限公司 , 2025.04
面； 公分
POD 版
ISBN 978-626-408-224-2(平裝)
1.CST: 自我實現 2.CST: 成功法
177.2 114004002

別等了！想要的未來，從現在選擇：掌握 10 個關鍵思維，擺脫拖延症，讓行動真正發生

臉書

作　　者：李哲豪
發 行 人：黃振庭
出 版 者：財經錢線文化事業有限公司
發 行 者：崧燁文化事業有限公司
E-mail：sonbookservice@gmail.com
粉 絲 頁：https://www.facebook.com/sonbookss/
網　　址：https://sonbook.net/
地　　址：台北市中正區重慶南路一段 61 號 8 樓
8F., No.61, Sec. 1, Chongqing S. Rd., Zhongzheng Dist., Taipei City 100, Taiwan
電　　話：(02) 2370-3310　　傳　　真：(02) 2388-1990
印　　刷：京峯數位服務有限公司
律師顧問：廣華律師事務所 張珮琦律師

定　　價：450 元
發行日期：2025 年 04 月第一版
◎本書以 POD 印製
Design Assets from Freepik.com